Baloncesto

EL TIRO

sus claves, su técnica, sus secretos,
su ENTRENAMIENTO

NICOLÁS JUSTICIA DEL MORAL
(Entrenador nacional Superior de Baloncesto – *Instructor de tiro*)

WANCEULEN
EDITORIAL DEPORTIVA

Título: BALONCESTO: EL TIRO. SUS CLAVES, SU TÉCNICA, SUS SECRETOS, SU ENTRENAMIENTO

Autor: NICOLÁS JUSTICIA DEL MORAL

Diseño del interior: Ezequías Saldaña Fernández

Editorial: WANCEULEN EDITORIAL DEPORTIVA, S.L.
          C/ Cristo del Desamparo y Abandono, 56   41006 SEVILLA
          Tfno 954656661   y   954921511 - Fax: 954921059
          www.wanceulen.com   infoeditorial@wanceulen.com

ISBN: 978-84-9993-248-4
Dep. Legal:
©Copyright: WANCEULEN EDITORIAL DEPORTIVA, S.L.
Primera Edición: Año 2012
Impreso en España: Publidisa

Dedicatoria

Quiero dedicar este libro en primer lugar a mi mujer y compañera ANA PÉREZ que ha posibilitado el tiempo, el ánimo y la dedicación necesaria para poder escribirlo sin ella no lo habría conseguido ni este, ni otros objetivos importantes que hemos realizado juntos, el mejor de todos ellos la crianza y educación de nuestros maravillosos hijos.

A mis hijos NICOLÁS, IVAN, ERNESTO E ISABEL, que son la alegría de mi vida y el motor de la lucha constante y diaria, verles crecer y compartir sus vivencias es un privilegio que me ha dado la vida.

A mi hijo NICOLÁS (que aparece en las ilustraciones del libro como modelo) auténtica fuente de mi inspiración que por su enorme ilusión y entrega, está suponiendo para mí una constante superación y búsqueda de la perfección y al que pronostico (no sólo como deseo) si sigue así, con esa ilusión y trabajo que llegará a ser uno de los grandes "tiradores" de nuestro baloncesto.

También quiero dedicarlo a la memoria de mis padres ISABEL y MATEO "El Largo", por todo lo que lucharon durante su vida por mi y por sus hijas JUANA QUITERIA, AMPARO y CRISANTA, a las que quiero mucho y no renuncio.

A mis padres políticos LORENZO y CARMEN, por hacer posible que para mí se hayan convertido en auténticos padres naturales.

Agradecimientos

Quiero dar las gracias de este mi primer libro primero a mis entrenadores: Antoja, Pepe Machado, Nora, Alegría, Manel Comas, Toni, "Canelo", Cañete, Julio de Frutos, que supieron inculcarme la pasión por este deporte, y me enseñaron a ser jugador y un poco entrenador; a todos ellos muchas gracias.

También quiero agradecer a mi amigo RAFAEL JOFRESA las experiencias que hemos compartido juntos todos estos años, enseñando a muchos niños y jóvenes los detalles técnicos de nuestro deporte, y agradecerle mucho también el prólogo que precede al presente libro.

Gracias también a mis amigos FERRÁN MARTÍNEZ, CHUS MATEO, RAÚL PÉREZ, MANOLO GARCÍA por sus palabras de aliento y reconocimiento, de verdad que han supuesto un orgullo para mí.

Gracias a EZEQUÍAS SALDAÑA Y NIDIA PÉREZ, por su colaboración en el tratamiento técnico de textos e imágenes y a JESÚS PÉREZ, por su ayuda con la fotografías.

Gracias también a mi editor ANTONIO WANCEULEN por confiar en este proyecto y posibilitar que el mismo se haya convertido en realidad.

Gracias a JOSEP Mª MARGALL, RANDY KNOWLES, WAYNE BRABENDER, FERRÁN MARTÍNEZ, ALBERTO ANGULO, NACHO RODILLA, JOAN CREUS por las experiencias vividas junto a ellos y las enseñanzas que he entresacado.

Gracias como no, a mi equipo del Campus: PEDRO VADILLO, ÁLVARO HERNÁNDEZ, ROBERTO BLANCO, DAVID QUERO, JUAN DAVID VILLEGAS, FREDERIC CASTELLO y ANTONIO CANO lo cuales son excelentes entrenadores y más de alguno también experto instructor de tiro, pues su trabajo también ha enriquecido este libro.

Reconocimientos

"Para los que pensamos que el baloncesto es mucho más que un juego, algo parecido a una filosofía de vida en la que confluyen valores que hoy están en crisis y que debemos recuperar, la publicación de esta obra escrita con el corazón, pero de elevado nivel técnico, es mucho más que una buena noticia. En ella se plasma el carácter perfeccionista y detallista de su autor en conceptos como el de "la química" del tiro, la auto motivación, el liderazgo, la humildad o la seguridad, además de ser un completo manual para el perfeccionamiento de la principal arma de este deporte en cada una de sus múltiples variantes.

Que el tiro es una cuestión de técnica y de mecánica es evidente, pero Nicolás ha sabido ir mucho más allá, introduciendo el factor mental como uno de los secretos para ser un excelente tirador.

Me alegra observar como en el apartado 10 comenta la "autoevaluación", o como calibrar tu mecánica de lanzamiento día a día sin caer en malos hábitos, algo que por cierto apliqué durante toda mi carrera deportiva con unos buenos resultados. Esto, sin duda, mejoró mi autoconfianza.

"Baloncesto: el tiro, sus claves, su técnica, sus secretos, su entrenamiento" se erige como una obra imprescindible para todo aquel que quiera mejorar y evolucionar en su técnica de tiro, profundizando sobre nuestro querido deporte de manera gráfica y práctica, pero con un alto grado de detalle y calidad. Felicidades."

FERRÁN MARTÍNEZ
Jugador del JUVENTUD y F.C. BARCELONA
Campeón de la Euroliga 1994
Internacional en 156 ocasiones con la Selección Nacional Española.

"Nicolás fue mi compañero durante el Curso Superior de Entrenador en Coín, Málaga hace ya 20 años. Seguramente aquella visión diferente que aportaba al grupo sobre un matiz del juego, junto a sus ganas de encontrar explicación a cualquier dogma que los demás asumíamos de antemano, unido a ese afán suyo por profundizar y analizar todo aquello que aparentaba una sospechosa sencillez entonces, han debido ser ahora los motores que le han llevado a "regalarnos" este libro a los que amamos el baloncesto.

"Baloncesto: el tiro, sus claves, su técnica, sus secretos, su entrenamiento" está escrito desde el cariño del puro entrenador de formación, desde la cercanía del maestro que reparte acertados consejos a sus alumnos.

No creo que hasta la fecha se haya escrito nada que recopile tantos y tan diferentes matices sobre un fundamento básico del juego y tan complejo e importante como lo es el del tiro.

El prisma desde el que se enfoca el libro, hace que su público objetivo englobe a un amplio espectro de edades y que no se limite a un reducido grupo de profesionales o técnicos. Cualquiera de los que amamos el baloncesto, ya seamos entrenadores o jugadores, profesionales o amateurs, expertos o en formación, incluso aquellos que se consideran sólo seguidores, meros fans, debemos añadir al estante de nuestra biblioteca baloncestística, esta guía que profundiza sumergiéndose y desmenuzando de forma certera y analítica este fundamento clave de nuestro deporte."

¡ Enhorabuena a todos ! ¡ Enhorabuena Nicolás !

CHUS MATEO
Entrenador UNICAJA – A.C.B.

"Gracias Nicolás, empezando por tú foto donde transmites todo lo que engloba tu Libro.

Te conozco desde que me llegó una invitación a Sevilla para conocer una Asociación dedicada a promover el deporte llamada Asociación de Deportistas contra la Droga donde organizabais un partido de Baloncesto (Junio 1996) y allá que fuimos mi amigo Angel Almeida y yo a Madrid.

Fue un auténtico placer desde aquel día hasta donde nos encontramos conocer tu pasión por el Baloncesto, que has inculcado a toda tu Familia numerosa, y sobre todo la posibilidad que me distes de inculcar año tras año, desde mi forma de entender el tiro exterior, a todos los jugadores que han pasado por el Campus de Tiro.

Con este libro me has hecho sentir que nunca es tarde para aprender a tirar".

GRACIAS

RAÚL PÉREZ RAMOS
Jugador del CAJA SAN FERNANDO (CAJASOL) y C.B. VALLADOLID
Internacional con la Selección Española
Campeón del Concurso de triples A.C.B. - 2003
4° Histórico de la A.C.B. en triples convertidos con 770 triples en 495 partidos.

"La memoria me retrotrae a un baloncesto en el que, inevitablemente, brillaban los tiradores. Brabender, Sibilio, Epi, Petrovic..., con su efectividad y plasticidad contribuyeron a la grandeza de este deporte.

En el baloncesto base el gran ninguneado es el tiro, bien por omisión, o por mala ejecución, responsabilidad que entre monitores y jugadores deben compartir. Por favor, disculpen las honrosas excepciones.

Si para triunfar hay que anotar más que el rival, no nos conformemos sólo con músculo, démosle la enjundia que merecen la imaginación y la habilidad; forjemos una factoría de tiradores.

Ahora tenemos en nuestras manos la posibilidad de pulir este fundamento, si queremos."

MANUEL GARCÍA
(entrenador de baloncesto)

Prólogo

Desde el momento en que Nicolás Justicia pensó en mí y me propuso prologar su libro sobre el lanzamiento a canasta, sentí una mezcla de agradecimiento y de responsabilidad.

Agradecimiento porque a pesar de no ser un tirador metralleta con instinto asesino, sí que era un muy buen lanzador desde todas las posiciones, y en cualquier momento de un partido. En mi juego, y aunque considero que fui un jugador completo, el tiro tuvo una gran trascendencia, era el arma principal con el que desarrollar todo mi juego. A partir de él, podía construir todas las demás facetas del juego, penetrar, asistir, abrir el campo, etc. Por esto considero el tiro el fundamento más importante del baloncesto.

Y responsabilidad, porque presentar y avalar un libro sobre el tiro es, en mi opinión, algo muy complejo, porque teorías sobre cómo tirar, cómo entrenarlo, etc., hay muchas, y cada jugador puede adaptar a su manera pensando que esa es la buena.

Creo que la teoría mostrada en *"Baloncesto: el tiro, sus claves, su técnica, sus secretos, su entrenamiento"*, es de una claridad muy alta y totalmente didáctica y comprensible para todo tipo de lector, los más profesionales o los amateurs, los más experimentados y los noveles.

Hace muchos años que compartimos con Nicolás muchas horas hablando de la formación de los jugadores, tanto en su vertiente humana como en la deportiva, y más concretamente y como no podía ser de otra manera, del fundamento del tiro, teorizando y perfeccionando hasta el último detalle todos los aspectos del tiro, tanto en su parte mecánica (muy importante) como en su parte mental (importantísima).

Por todo el excelente trabajo en investigación, observación, y puesta en escena, creo que vale la pena leer el presente libro, y conviene tenerlo como referencia en cualquier biblioteca del mundo del baloncesto.

Enhorabuena Nicolás por este regalo de libro!!

RAFAEL JOFRESA PRATS
Jugador del JOVENTUD, C.F. BARCELONA Y GIRONA C.B.
Internacional en 75 ocasiones
Campeón de la Euroliga en el 1994.
Histórico en la A.C.B. en:
1º En partidos jugados: 756 partidos.
3º En minutos jugados: 18.062 minutos.
4º En recuperaciones de balón: 968 recuperaciones.
6º En Triples: 712 triples.
9º En Asistencias: 1.573 asistencias.
12º En puntos conseguidos: 6.327 puntos.

Sobre el autor

Nombre y apellidos:	NICOLÁS JUSTICIA DEL MORAL
Fecha nacimiento:	03-07-1956
Lugar:	Huelma (Jaén)
Nivel académico:	Licenciado en Derecho
	Técnico Deportivo Superior en Baloncesto
Nivel Deportivo:	Entrenador Superior de Baloncesto e Instructor de Tiro.

Titulaciones y otros
- Título de Monitor de Baloncesto. FMB (Madrid) 1985.
- Título de Entrenador de II Nivel. FMB (Madrid) 1987.
- Título de Entrenador Nacional de Baloncesto. FEB VII Promoción. Agosto de 1990, Coín (Málaga).
- Asistencia a numerosos clinics y conferencias organizados por la FMB, FEB, AEEB, etc.
- Fundador de las siguientes entidades deportivas: C.B. Rebote (Badalona), C.B. Pozuelo (Madrid) y Asociación de Deportistas Contra la Droga.

Historial como jugador
- 1970/1974: C.B. Penya Margall y Club de Basquet Badalona, categorías juvenil y junior.
- 1975/1976: C.B. Rebote (Badalona).
- 1976/1977: C.B. Premiá de Mar (Barcelona).
- 1978/1980: C.B. La Lira (Montornés del Vallés, Barcelona).
- 1980/1982: C.B. Granollers (Barcelona).
- 1982/1983: C.B. Rayo Los Angeles (Madrid).
- 1983/1984 C.B. HH.T. (Madrid).
- 1984/1986: C.B. Parque Pozuelo (Madrid).

Historial como entrenador
- 1975/1976: C.B. Rebote (Badalona), categoría senior, ascenso a 1ª división catalana.
- 1980/1986: Escuelas de Base en Montornés del Vallés (Barcelona).
- 1986/1990: C.B. Parque Pozuelo (Madrid), categorías juvenil y junior, ascenso a preferente.
- 1990/1992: Colegio Ntra. Sra. de la Vega (Madrid), categoría escolar, campeones de distrito.
- 1990/1992: Centro Penitenciario Madrid-1, educador y entrenador de baloncesto.

- 1992/1992: C.B. Xataf (Getafe-Madrid), categoría senior, ascenso a 1ª división de Madrid.
- 1992/1996: C.B. Pozuelo (Madrid), categoría alevín, campeones de comarca.
- 1993/1997: C.B. Pozuelo (Madrid), categoría senior, ascenso a 2ª división nacional.
- 1997/2000: C.B. Pozuelo (Madrid), categoría sub/23 y cadetes.
- 2001: Director Técnico Campus de Baloncesto Nacho Rodilla.
- 2002: Director Técnico Campus de Baloncesto de las Estrellas, Nacho Rodilla, Rafael Jofresa, Joan Creus, Raúl Pérez, Wayne Brabender.
- 2002/2003: C.B. Maristas Chamberí (Madrid), categoría senior 1ª División de Madrid.
- 2003: Director Técnico Campus de Baloncesto "Joan Creus"
- 2003: Director Técnico Campus de Baloncesto de las Estrellas, Rafael Jofresa, Wayne Brabender, Ferrán Martínez, Joan Creus
- 2004: Director Técnico Campus de Baloncesto "Joan Creus"
- 2004: Director Técnico Campus de Baloncesto de las Estrellas y Shoot Campus. Rafael Jofresa, Raúl Pérez, Joan Creus, Ferrán Martínez
- 2004/2005: C.B. Villablanca (Villalba-Madrid), categoría señor 1ª División de Madrid.
- 2005/2006: C.B. Las Rozas (Madrid), categoría Cadete Masculino A
- 2005 a 2011 Director Técnico del Campus de Baloncesto Rafael Jofresa y Shoot Campus
- 2009/2010: C.B. La Palma 95 (Huelva), categoría Alevín Masculino

Características esenciales

Carácter luchador y ganador, muy exigente en el trabajo buscando en todo momento sacar el máximo rendimiento del potencial de sus jugadores.

Buen comunicador, con facilidad para las relaciones humanas, y especiales dotes para la motivación y trabajo en grupo. Investigador y estudioso de todos los aspectos del tiro en el baloncesto.

Índice

Introducción

El baloncesto es un juego de equipo, cuya finalidad es introducir el balón en el aro contrario (ataque), y al mismo tiempo tratar de evitar que el equipo contrario introduzca el balón en nuestro aro (defensa), de acuerdo a unas reglas y a una normativa.

Pues bien, el baloncesto ha evolucionado muchísimo desde sus orígenes hasta nuestros días y esa evolución la han marcado las reglas siempre adaptables a un tipo de baloncesto más espectacular y a una evolución de la condición física de los jugadores, hoy en día este deporte lo juegan cada vez jugadores más altos y mucho más completos físicamente, es decir más fuertes, veloces y potentes.

Para conseguir encestar más canastas los jugadores guiados por sus entrenadores utilizan por un lado, diferentes alternativas de tipo táctico, es decir movimientos en la pista con el fin de conseguir tener una posición con el balón en la pista que permita conseguir lo más fácilmente posible el enceste y por ende el mayor número posible de encestes (esta es la finalidad del ataque), y por otro lado, los jugadores se ejercitan y entrenan para tener mayor **destreza técnica** en el desarrollo de habilidades que le permitan conseguir las acciones del enceste.

El aprendizaje de los fundamentos técnicos, no es nada fácil, puesto que no son movimientos innatamente naturales, sino que se aprenden y se asimilan de forma artificial mediante la práctica y el ejercicio repetitivo (que se realiza en el entrenamiento), aunque la aptitud de los jugadores, lo que llamamos el talento natural, no es el mismo en unos jugadores que en otros, si influye notablemente para acelerar y conseguir un buen dominio de los fundamentos.

Al jugador que posee un cierto dominio de los fundamentos del baloncesto, decimos que posee una "**técnica individual**" determinada (según su nivel). Por lo general esta "**técnica individual**" se debe aprender y desarrollar a edad temprana pues el aprendizaje a esa edad es mucho más fácil, que realizarla en edades mayores.

Esta básicamente debe ser la razón por la cual los entrenadores de formación, no deban comportarse como entrenadores de élite que buscan exclusivamente ganar los partidos, y deben dedicarse prioritaria y fundamentalmente a "formar jugadores", sin priorizar los resultados cortoplacistas, sino buscando el progreso constante del jugador, para que al finalizar su etapa de formación que debe durar aproximadamente 8-10 años, el jugador tenga un dominio completo de los fundamentos técnicos, en definitiva lo que llamaríamos un excelente jugador completo.

Esta idea general y esencial de las prioridades en las etapas de formación, para desarrollar óptimamente nuestro baloncesto, lamentablemente no está plenamente asumida por la inmensa mayoría de los entrenadores teóricamente de formación, que se dedican a entrenar y preparar a sus jugadores para ganar los partidos, utilizando un sinfín de recursos tácticos, y una multitud de recursos defensivos, por un lado en el aspecto defensivo preparan defensas de presión zonales súper-agresivas, con todo tipo de recursos tácticos, y por el lado del ataque buscan las canastas más fáciles desde debajo del aro como las bandejas producto de los contraataques por robo de balón, etc.

Se da la triste circunstancia que observando partidos de categoría alevín o infantil se observa que el 90% de los encestes son conseguidos mediante entradas o bandejas desde debajo, y apenas se dan los tiros exteriores. Incluso y a pesar, de que en categoría alevín conseguir 3 puntos de triple es más fácil teóricamente hablando, pues la línea del tiro triple está a 4 ms. y la altura del aro a 2,60 ms. del suelo, pues ni siquiera con estas premisas es frecuente observar en categoría alevín lanzamientos de tiros triples.

Esta forma de actuar como es obvio, también requiere su labor de preparación, y ahí es donde radica el reproche, estos entrenadores dedican un tiempo importante del entrenamiento a preparar estas situaciones tácticas, restándolo del tiempo que deberían dedicar a la enseñanza y práctica en los entrenamientos de los fundamentos de técnica individual con sus jugadores.

Sin embargo, como por lógica el resultado a corto plazo les beneficia, nadie les reprocha esta actitud, pues han conseguido tal, o cual campeonato, y eso lamentablemente cubre la negativa labor de enseñanza que esconde esa mala práctica.

Especialmente sangrante es ver como en los partidos de competición los entrenadores mandan a sus jugadores realizar diversos ejercicios de calentamiento y estiramiento para pasar a la llamada "rueda de calentamiento" en la cual ordenan realizar entradas o penetraciones casi exclusivamente olvidándose de los tiros de media y larga distancia. ¿Ignoran quizás que es necesario que un jugador antes de empezar el partido, debe realizar al menos 25 tiros a canasta, para calibrar y ajustar debidamente su tiro?. Simplemente si esto los entrenadores lo corrigieran, en especial en las categorías de formación, las cifras de acierto en el tiro en la cantera del baloncesto español serian mejores.

Por ello, harto de ser testigo de esta situación, en la medida que pueda, me propongo contribuir a invertir la misma, y me he decidido a escribir este libro que entre otras cosas, pretende llamar la atención, (incluso en el apartado de "**Conclusiones**" me atrevo a lanzar alguna propuesta), y poner el acento sobre el fundamento Rey de todos los fundamentos del baloncesto: "<u>EL TIRO</u>".

Y en el sentido didáctico exponer mis modestos conocimientos que he ido adquiriendo por la experiencia y la información de diferentes y autorizados autores, jugadores y entrenadores, y fundamentalmente por mi bagaje como Director del "**Campus Rafael Jofresa**", en el que en su versión "SHOT CAMP", hemos trabajado un valioso grupo de "**instructores de tiro**", para corregir y enseñar a tirar en los últimos 15 años a un número importante de jugadores en etapas de formación.

Intento realizar esta contribución también desde todas las ópticas necesarias para conseguir formar a un "tirador", (jugador con especial destreza para el tiro), ya que el tirador no nace, sino que "**se hace**".

1 | Cuestiones previas

En nuestro baloncesto el "**tiro**", es por antonomasia y propia naturaleza y esencia del juego el fundamento más importante y determinante; más aún con las nuevas modificaciones respecto de las distancias en los tiros triples. Sin embargo paradójicamente, sigue siendo en buena medida el gran ausente de las enseñanzas técnicas que se ofrece en las sesiones de entrenamiento, así resulta bastante frecuente observar a un buen número de jugadores, que a edades donde su formación debería estar casi completada, con importantes y múltiples errores y "*vicios gestuales*" en su mecánica de tiro.

Al mismo tiempo podemos afirmar, que en nuestro baloncesto salen pocos "*tiradores*", y esto es así fundamentalmente por tres razones:

1ª   Muchos entrenadores desconocen los detalles de un tiro correcto, y lo que es más importante, como corregir estos vicios o defectos.

2ª   Los entrenadores que conocen estos detalles, no se atreven a corregir el tiro de un jugador con defectos, por miedo a que el jugador pierda confianza en su tiro y yerre (en lo inmediato) más tiros que en su anterior forma errónea de tirar, y se pierdan más partidos de esta forma el entrenador opta por la opción de que el jugador siga tirando mal.

3ª   Los jugadores, una vez tienen una mecánica correcta o aceptable, normalmente no tiran la cantidad de tiros suficientes para mejorar de manera ostensible su tiro; y que yo estimo en un *término mínimo* de 700 tiros semanales.

Por otra parte el **aspecto mental** en el "**tiro**", está siendo *poco considerado* y consecuentemente casi en absoluto entrenado. Partiendo de la base de que el "**tiro**", es la conjunción de una buena mecánica, condición física y también un notable componente de **"fuerza mental"**, no cabe duda que la **fuerza mental** a través de mejorar la concentración y confianza, nos llevará a mejorar sensiblemente nuestro acierto , y en consecuencia este aspecto también debe ser entrenado y mejorado.

Por ello podríamos afirmar que para *"crear o construir"* un tirador, necesitamos que el jugador tenga las condiciones siguientes:

1º Unas buenas *"condiciones físicas"*, de resistencia, velocidad, etc. (como más adelante veremos).

2º Un *"poder mental"* (autoconfianza, concentración, etc.), que más adelante abordaremos en el apartado de la *"química del tirador"*.

3º Una buena *"puntería"* innata, en la medida de lo posible, aunque obviamente se puede mejorar, con la práctica.

4º *"Inteligencia",* para buscar la acción del tiro, seleccionar el mismo y leer las Situaciones del juego.

5º Tener una *"buena mecánica de tiro"*, es decir un buen instrumento para el tiro, a modo de ejemplo sería el "fusil" para disparar, mientras más preciso sea el mismo mayor acierto obtendremos, (lo abordaremos en el capítulo 6º del libro).

6º Una buena *"técnica individual"*, compuesta de múltiples y variados recursos que nos permita crearse uno mismo las situaciones óptimas de tiro, que abordaremos algunas de ellas en el capítulo 12,

7º Una *"práctica repetitiva cotidiana"*, diaria y constante a través de los entrenamientos sean colectivos, individuales o particularmente uno mismo, sino tiramos, como dijimos antes al menos 100 tiros diarios, difícilmente sacaremos el provecho adecuado a todas nuestras facultades como tiradores y por ende, si lo practicamos masivamente potenciaremos todas ellas y se multiplicaran los resultados obtenidos.

Estas seis facultades primeras, se compensan entre ellas es decir, si tenemos menos dominio del alguna de ellas debemos en primer lugar esforzarnos mediante el trabajo por alcanzar mayor grado de perfección, aunque en segundo término si en las otras es más alto nuestro grado de dominio compensaremos en su resultado final. Aunque no debemos olvidar que todo se potencia con la condición séptima una *"práctica repetitiva diaria y constante"*.

En consecuencia el jugador que quiera convertirse en un buen tirador debe fijarse en las siete premisas anteriores y trabajar duro para alcanzar un aceptable dominio de todas ellas.

En este camino el presente libro pretende ayudar a conseguirlo abordando el detalle de cada una de estas siete premisas o condiciones necesarias para ser un buen tirador.

La importancia del tiro exterior, y su influencia

2 en el juego

El acierto regular en el tiro-exterior convierte a un jugador-tirador "bajito" en un jugador importante y valorado no sólo en su equipo, sino también en el mercado baloncestístico, e incluso en una "estrella" de nuestro deporte casos como el de Juan Carlos Navarro, Jaycee Carroll, Louis Bullock, Rafa Martínez, etc., son ilustrativos de todo esto.

Estos jugadores gracias al dominio sobre el fundamento del "tiro", (y por la importancia decisiva que este lance tiene en el juego), se han convertido en referencias en sus equipos y su "caché" se ha incrementado notablemente; es más en algunos casos, si pudiéramos imaginar por un momento a estos jugadores sin este dominio del tiro-exterior, y dado el resto de sus cualidades sobre todo las físicas, probablemente no hubieran podido llegar a jugar como "estrellas" en la élite del baloncesto.

Pero también es más fácil, que este tipo de jugadores sirvan como *"modelo a imitar"* a muchos niños que por similitud física se identificarán mejor con ellos, que con un gigante de 2,20 ms. (tipo Shaquille O'Neal).

Por ello se debe promocionar mucho más las acciones de fundamentos del *"tiro"*, sobre todo para los niños, y es en ese sentido que noto a faltar que muchas veces entre las jugadas que seleccionan por TV. como las "TOP" (las mejores), apenas están los tiros, y sí demasiados "mates".

Aunque todo depende del tipo de baloncesto que queramos jugar como entrenadores y cuál es nuestro estilo de juego ofensivo es indudable la influencia del tiro-exterior en el juego, por una parte, el tiro exterior facilita el juego de 1 X 1 por las razones siguientes:

1) Cuando el defensor pretende tapar un tiro, se ve obligado a acercarse más al atacante cerrando su base de apoyo, ocupando por tanto menos espacio y facilitando así la penetración del atacante.

2) La acción de tiro obliga asimismo al defensor a levantar su centro de gravedad y en consecuencia los talones del suelo, perdiendo velocidad en su desplazamiento lateral defensivo.

3) El defensor se ve obligado a levantar los brazos, para tapar el tiro, y de esta forma pierde el equilibrio de la posición defensiva básica.

Por otro lado el tiro-exterior, facilita asimismo el juego del equipo puesto que el defensor del tirador preocupado por el acierto en el tiro del tirador, no puede flotarle provocando que los compañeros del tirador tengan más espacio para jugar, el defensor también se ve obligado a dejar más abiertas la líneas de pase, y lo que es más importante tiene que limitar sus ayudas evitando que pueda hacer los 2 X 1 a los compañeros del tirador.

El tiro-exterior no solamente facilita el juego lejos del tablero, sino que como consecuencia de la presión sobre el "tirador", al tener que abrirse las defensas, se producen espacios dentro de la "pintura" para que los atacantes interiores puedan jugar, y desarrollarse así óptimamente la relación juego interior-exterior con continuidad y fluidez.

3 | La "selección" del tiro

Bajo esta expresión "selección del tiro", se esconde la base de este maravilloso juego en su vertiente ofensiva. El seleccionar implica elegir, optar entre varias opciones: tirar, pasar, penetrar, botar, etc.

En primer lugar debemos entender que es un término muy relativo en cuanto a las múltiples interpretaciones que se pueden dar y que cada entrenador o simple aficionado tiene la suya en cada jugada o situación del juego. Depende de muchos factores, intereses y de la misma concepción del juego que libremente tiene cada persona.

Aunque hay situaciones que a las claras son evidentes que el jugador no ha elegido la mejor opción por ejemplo: un tiro en una distancia inadecuada, con mal apoyo y equilibrio y por tanto con una deficiente mecánica además de tapado y defendido, totalmente precipitado con pocos segundos de posesión jugados, sin posibilidad objetiva de rebote y con compañeros desmarcados en mucha mejor posición para anotar.

Pues bien supongamos que a pesar de todo ello, por una extraña fortuna el jugador consigue canasta; es obvio que con independencia del resultado de la acción la *"selección"* que el jugador ha optado ha sido deficiente; y es en este sentido en el que el entrenador debe corregirle con independencia del resultado final, y a sensu contrario en el supuesto de todas las circunstancias anteriores se diesen en contrario es decir: a una distancia apropiada en la que se obtienen buenos porcentajes, libre de marcas del defensor, con pocos segundos para el final de la posesión, en buena situación de equilibrio y ejecutado el tiro con buena mecánica, con los compañeros marcados, y con dos compañeros en la zona restringida preparados para el rebote ofensivo, estaríamos ante un tiro bien lanzado y por tanto la decisión y la acción de tiro habría que determinarla como acertada y correcta con independencia del resultado mismo del tiro.

Pues bien lamentablemente en nuestro baloncesto de formación nos encontramos muchas situaciones como estas que sólo se aplaude o valora por los aficionados y lo que es más grave por algunos entrenadores, en función únicamente del resultado final de la acción, y esto no ayuda a que los jugadores crezcan como buenos jugadores.

El entrenador con sus enseñanzas diarias, y sus justas valoraciones debe ir formando e instruyendo a sus jugadores de la mejor selección del tiro que conviene al equipo.

Dado que este es un deporte de equipo, no hay que tirar siempre que tengamos el balón, sino buscar la opción más conveniente para el equipo.

El *"tirador"*, debe seleccionar su tiro, por ello debe saber "cuando debe tirar", esta es la gran cuestión que diferencia a los jugadores mediocres de los jugadores con talento (los grandes jugadores).

La *"selección del tiro"*, implica elegir cuando tirar, y esto además de una cuestión técnica es fundamentalmente una cuestión táctica en el que juegan innumerables factores:

a) La posición en la pista del jugador, si está en un lugar de buen porcentaje, y tiene buena posición de tiro.

b) La de los defensores de él mismo y de sus compañeros.

c) La posición de los compañeros.

d) Las posibilidades objetivas de rebote.

e) Tiempo restante de posesión y de global del periodo.

f) Resultado en el marcador hasta el momento.

g) Estado anímico del *"tirador"*.

h) etc.,

Y conocer todos estos factores, interpretarlos y adoptar la decisión correcta, no es nada fácil, requiere inteligencia del jugador, autocontrol, confianza y seguridad en uno mismo para acertar con la opción más conveniente para el equipo.

La "geometría"
4 y la "física" del tiro

Para analizar los "secretos" del tiro, partiremos de lo más general y elemental, que son las medidas físicas, que hay que tener en cuenta.

En primer lugar se trata de introducir una esfera de 23 cm. De diámetro (balón reglamentario nº 7 para categorías superiores) dentro de una circunferencia (aro) de 45 cm. Por lo que teniendo en cuenta estas medidas, si pretendiéramos centrar de forma absoluta el balón nos quedaría un margen de 11 cm. Por cada uno de los lados: delante, detrás, derecha e izquierda del aro.

Este es precisamente el margen con el que contamos 11 cm. Si queremos que nuestro lanzamiento entre en el aro limpiamente sin tocar algún borde del aro.

En consecuencia y simplificando podemos afirmar que _**la cuestión estriba en la precisión con un margen de error de 11 cm.**_, por lo que cobra de vital importancia cuestiones como la puntería, la agudeza visual, pero sobre todo también las referencias para apuntar y ajustar el tiro.

Con el objeto de _**"centrar"**_ al máximo el tiro debemos analizar pormenorizadamente las dos magnitudes respecto del centro del aro, es decir por un lado la lateral (izquierda y derecha) y por otro lado la vertical (delante y detrás).

Es mejor, empezar necesariamente analizando una de ellas y en este caso la lateral (izquierda y derecha), que tiene como consecuencia los tiros más o menos desviados a los lados. En este caso *la utilización de referencias* es muy útil para conseguir *"centrar"* el lanzamiento.

Nuestra mejor referencia debe ser nuestro cuerpo y más concretamente la colocación espacial desde donde realizaremos el tiro, que será encima de la sien por el lado de la mano de tiro en la línea vertical de la prolongación de nuestra pierna y más en concreto al hueso de la cadera correspondiente a la mano de tiro, si tenemos en cuenta que el pie es la prolongación en línea recta con la pierna; si colocáramos el pie en la línea imaginaria hacia el centro del aro y colocáramos nuestro cuerpo lo más vertical y recto posible, tendríamos como resultado que *nuestro brazo (antebrazo, mano y dedos) completamente extendido y recto* llevará el balón en la dirección absolutamente recta hacia el centro del aro al utilizar estas referencias.

Respecto de la otra magnitud vertical (delante y detrás) que tiene como consecuencia tiros cortos o demasiado largos (con la salvedad de la ayuda del rebote en el tablero), *la fuerza adecuada del lanzamiento, y el "vuelo" del balón son detalles absolutamente primordiales* para conseguir un buen tiro centrado respecto de esta magnitud.

Primero analizaremos la fuerza que imprimimos al lanzamiento que será directamente proporcional a la distancia del aro en que estemos situados.

En segundo lugar, y aunque esto lo detallaremos más adelante en el Capitulo, dedicado a la *"mecánica correcta"* sí, he de afirmar que el tiro se realiza con todas las partes del cuerpo, por tanto aprovechando el impulso de la fuerza no sólo de los brazos, sino también de otras partes del cuerpo como son fundamentalmente los talones, piernas y espalda.

A partir de *"sentir" interiormente el tiro*, nosotros sabremos en función de la distancia, de la práctica y de nuestra mecánica, en concreto de la trayectoria y del "vuelo" del balón, la fuerza que debemos imprimir a nuestro lanzamiento para que este llegue al aro en óptimas condiciones de introducirse centrado en el aro.

Esta *"fuerza"* que imprimimos es algo que continuamente nuestro cerebro programa, calcula y recalcula constantemente, y en base a ello da las órdenes precisas a nuestros grupos musculares (que ya hemos visto) para efectuar el lanzamiento.

El segundo factor que incide en la magnitud vertical "delante-detrás" es la parábola que describe el balón desde que sale de nuestra mano de tiro hasta que llega al aro. Esta parábola o movimiento curvo es pues esencial para el acierto o fallo en el tiro, pues permite que el balón caiga completamente en un plano más vertical en el aro, mientras más vertical caiga mucho mejor, y esta verticalidad dependerá de la parábola. Se ha estudiado que la diferencia de porcentaje de acierto entre tiros lanzados con parábola correcta y tiros rasos al aro son de un 15% más de acierto, si los balones han caído en el aro con parábola que si lo hubieren hecho sin ella, es decir "rasos" al aro, pues en caída vertical el plano de entrada del balón en el aro se amplía en ese 15%.

5 El "jugador-tirador"

El *"jugador-tirador"*, es aquel jugador en el que la característica fundamental de su juego es el acierto en el tiro, ejercido con asiduidad. En adelante nos referiremos a este tipo de jugador como el *"tirador"*.

Aunque lo deseable sería que todos los jugadores del equipo fueran tiradores, y en ese sentido es la dirección en la que un entrenador debe trabajar sobre todo si es un entrenador de formación. Pues resulta mucho más eficaz, y el equipo resultará más invencible, por ejemplo si tenemos un equipo en el que al menos 7 u 8 jugadores puedan anotar (tengan la capacidad, al menos) más de 10 puntos por partido, que si tenemos un equipo en el que un solo jugador, anota 30 puntos y el resto es incapaz de llegar a los 10 puntos.

El *"tirador"* es un jugador que se crea, se forma a partir del talento natural de él mismo y de sus condiciones físicas y mentales, se crea con el trabajo, o mejor dicho con una ingente cantidad de trabajo y constancia, por ello no todos los jugadores que poseen un talento natural llegan a convertirse en grandes tiradores, pues adolecen de la voluntad de hierro para imponerse y soportar la carga de trabajo, y repetición que es necesario para crear un *"tirador"*.

El *"tirador"* no sólo sabe cuando tiene que tirar, sino que es capaz de tirar desde cualquier posición en el campo, y en todos los momentos, sobre todo en los más comprometidos. En los apartados siguientes intentaremos desmenuzar las condiciones y requisitos importantes que debe tener un *"tirador"*.

5.1. CUALIDADES Y ASPECTOS FÍSICOS QUE INFLUYEN EN EL TIRO

A. Velocidad

No debemos confundir este concepto, con la "rapidez en el tiro", ya que ésta depende:

Por una parte de la eficacia de las acciones previas, a saber, recepción del balón, agarre, mecánica correcta, fluidez, y ritmo de los movimientos y fases del tiro que más adelante veremos.

No obstante la velocidad como concepto físico aplicado al tiro, es esencial y en este sentido pretendemos analizarlo.

Esta cualidad básica de la condición física es muy importante para un "tirador", tanto la *"velocidad de reacción"*, como también la llamada *"velocidad de desplazamiento"*. Respecto de la *"velocidad de reacción"* y aunque una parte importante es innata, lo cierto es, que se puede también mejorar con el entrenamiento, al igual que la *"velocidad de desplazamiento"*.

Para ello todo jugador que pretenda convertirse en *"tirador"*, debe tener presente que no sólo basta con tener una buena mecánica de tiro, sino que debe tener la oportunidad de poder tirar en los partidos de competición donde deberá poder evadirse de las defensas que le van a marcar, y en este sentido la velocidad será una de las armas y recursos a utilizar, e incluso la base con que deberá ejercer otros recursos o fundamentos, como fintas o cambios, ya que estos movimientos sin velocidad no son efectivos.

Aunque por otra parte existen "tiradores", que sin ser excesivamente veloces han conseguido alcanzar un grado muy aceptable de "rapidez en el tiro", esto es debido como consecuencia de una muy buena y depurada técnica individual, lo que les hace librarse de las defensas con inteligencia, y otros recursos como los cambios de ritmo, fintas, etc. Estos jugadores son los "GRANDES JUGADORES" CON MAYÚSCULAS.

Lo cierto por tanto es que será muy difícil que tengamos "tirador", sino disponemos de una mínima velocidad.

La parte del cuerpo que nos permite "tirar" en velocidad son las *__piernas__*, a las que deberemos dar una importancia máxima en su desarrollo y fortalecimiento físico, y que no es motivo de éste libro el indicar los ejercicios diarios que deberemos realizar, sino simplemente indicar su importancia. Dado que el factor que provoca la retirada a un jugador de la práctica del baloncesto en la alta competición, no es la edad, ni la mente, ni ninguna otra parte de su organismo que el *__estado de sus piernas.__*

B. Fuerza

Esta cualidad de la condición física es en mi opinión la menos preponderante para un *"tirador"*, sin que debamos por otra parte menospreciarla, sin embargo es más importante por ejemplo la coordinación de los movimientos y secuenciarlos en una buena sincronización de movimientos para aprovechar la fuerza de todos los grupos musculares que intervienen en el tiro, que más adelante veremos en la parte dedicada en la *"mecánica correcta"*.

C. Resistencia

Hay entrenadores que motivan a sus jugadores cuando están cansados diciendo que en defensa se trabaja y en ataque descansamos. Pues bien, si algún jugador puede "descansar" en el ataque, éste no es desde luego el *"tirador"*, el cual debe realizar un gran desgaste físico, pues es sometido a un marcaje estrecho por el equipo defensor, con ayudas y cambios defensivos, que el tirador debe sortear, saliendo a gran velocidad de bloqueos y pantallas, realizar continuos cambios de ritmo, paradas, etc.

La capacidad de resistencia muscular y pulmonar, también es un requisito en un tirador, pues a lo largo del partido el jugador debe poder lanzar a canasta después de estar sometido a esfuerzos de mucha intensidad en ausencia de oxígeno (por ejemplo después de una veloz carrera), o hacia el final del partido donde cobran especial importancia los tiros certeros (momentos en los que se deciden los partidos igualados), y que el tirador posea una frescura y buena condición física, para aún estando cansado tenga las condiciones físicas para realizar el tiro en óptimas condiciones.

En consecuencia y aunque no es motivo el presente libro indicar los ejercicios y trabajo físico que se debe desarrollar para tener y mantener esta "resistencia", lo que es indudable es que el tirador debe ser plenamente consciente que debe preocuparse por tenerla para ser un excelente tirador.

D. Coordinación

Para ejercitar el tiro es fundamental el ritmo del mismo y esto nos lo da la coordinación de todos los movimientos precisos para un tiro correcto (mecánicamente hablando), pero antes digamos algunas cosas importantes sobre la coordinación.

La coordinación dinámica general es el buen funcionamiento existente entre el Sistema Nervioso Central y la musculatura esquelética en movimiento. Se caracteriza porque hay una gran participación muscular.

Otra definición en mi opinión más exacta es la establecida por Álvarez del Villar, que la define como *"la capacidad neuromuscular de ajustar con precisión lo querido y pensado de acuerdo con la imagen fijada por la inteligencia motriz a la necesidad del movimiento."*

La coordinación va a influir de forma decisiva sobre la velocidad y la calidad de los procesos de aprendizaje de destrezas y técnicas específicas. Es por ello que la coordinación es una cualidad neuromuscular íntimamente ligada con el aprendizaje y que está determinada por los factores siguientes:

a) La velocidad de ejecución.

b) Los cambios de dirección y sentido.

c) El grado de entrenamiento.

d) La altura del centro de gravedad (en relación inversamente proporcional).

e) La duración del ejercicio, y el grado de fatiga del jugador.

f) Las cualidades psíquicas del jugador.

g) El nivel de condición física del jugador.

h) La elasticidad de músculos, tendones y ligamentos.

i) La herencia genética.

j) La edad del jugador.

k) La tensión nerviosa.

Vemos pues que una buena coordinación de movimientos es esencial para un tirador, teniendo en cuenta la diferentes partes del cuerpo (prácticamente todo él) y los grupos musculares6, que intervienen en el tiro; no es posible realizar un buen tiro a canasta sin la buena coordinación y secuencia de los movimientos y además realizarlo con el necesario ritmo.

Y aunque hay condicionantes innatos y genéticos, también puede mejorarse la coordinación por ello dentro del programa de entrenamiento de los jugadores hay que incluir esta cualidad de la condición física para trabajarla adecuadamente.

E. Equilibrio

Esta cualidad es muy importante para realizar el tiro, y en ello influye de forma determinante la base de sustentación (piernas y pies) del jugador, y su correcta posición y asentamiento en la pista, tanto para el tiro estático como para el tiro en movimiento. El equilibrio de todo el cuerpo proporciona la estabilidad precisa para un tiro certero. Sin embargo en muchas circunstancias tales, como la velocidad o la acción de la defensa incluso mediante la *"falta personal"*, nos desequilibramos por un momento y el *"tirador"* debe ser capaz de volver a equilibrarse en la medida de lo posible y lo más rápido posible para realizar el tiro a canasta con acierto.

El equilibrio podemos definirlo como el *"mantenimiento adecuado de la posición de las distintas partes del cuerpo y del cuerpo mismo en el espacio"*. El concepto genérico de equilibrio engloba todos aquellos aspectos referidos al dominio postural permitiendo actuar eficazmente y con el máximo ahorro de energía, al conjunto de sistemas orgánicos.

Otros autores han definido el equilibrio de diferentes formas, así (Contreras 1998): *"Equilibrio es el mantenimiento de la postura mediante correcciones que anulen las variaciones de carácter exógenos o endógeno"*. Y García y Fernández (2002) lo define así: *"el equilibrio corporal consiste en las modificaciones tónicas que los músculos y articulaciones elaboran a fin de garantizar la relación estable entre el eje corporal y eje de gravedad."*

Existen dos tipos de EQUILIBRIO: El *"estático"* y el *"dinámico"*, según sea el control de la postura sin, o con desplazamiento.

Los factores que intervienen en el equilibrio son los **sensoriales** (órganos sensoriales, sistema plantar, sistema laberíntico), factores **mecánicos** (peso corporal, base de sustentación, centro de gravedad), y factores **mentales** (motivación, autoconfianza, capacidad de concentración).

En función de esto es evidente que una parte viene predeterminada pero otra es mejorable y por tanto se puede mejorar mediante un entrenamiento específico y adecuado que favorezca el desarrollo del control sobre la postura corporal.

F. Flexibilidad

La flexibilidad muscular es la capacidad del músculo para llegar a estirarse sin ser dañado. Esta magnitud viene dada por el rango máximo de movimiento de todos los músculos que componen una articulación, así mismo la flexibilidad es de carácter involutiva es decir se va perdiendo con el paso del tiempo.

La flexibilidad depende de dos aspectos:

a)   La elasticidad muscular, que es la capacidad de los músculos de acortarse y alargarse pudiendo volver a su forma original.

b)   La movilidad articular: que es el grado de movimiento de cada articulación. Varía según la articulación y la persona.

En la flexibilidad influye:

a)   La herencia genética.

b)   El sexo (las mujeres son más flexibles).

c)   La edad (a mayor edad menor flexibilidad).

d)   Las posturas físicas adoptadas.

e)   La hora del día (por la mañana se es más flexible que por la tarde).

f)   La temperatura ambiente y la temperatura muscular (a mas temperatura más flexibilidad); por ello es importante realizar los ejercicios de flexibilidad después de haber calentado y al terminar el entrenamiento o partido se debe volver a realizar ejercicios de flexibilidad, antes de que los músculos se enfríen.

g)   El grado de cansancio muscular.

Esta cualidad de la condición física íntimamente ligadas a otras cualidades como el equilibrio y la coordinación, es también importante para los "tiradores", dado el elevado número de músculos y articulaciones que intervienen en la mecánica del tiro.

Por ello debe trabajarse y entrenarse para mejorarla y mantenerla, además con ello evitaremos en grado importante las lesiones musculares, tales como distensiones, esguinces, contracturas, roturas fibrilares, etc.

Un buen *"tirador"* debe conocer que grupos musculares debe calentar en los entrenamientos y partidos y el método, volumen e intensidad para hacerlo él mismo, con independencia de la ayuda que le bridan los especialistas deportivos como los fisioterapeutas.

G. Altura

La altura del *"tirador"* influirá de forma decisiva en su estilo propio de tiro, pues la *"cadena cinética"* (secuencia de movimientos) de cada jugador varía y está entre otras cosas, en función de su altura, y de las secuencias de su tiro, y de los detalles de la subida del balón, por ejemplo.

También será determinante la altura del tirador para las defensas, no es lo mismo taponar a un jugador de 1,90 cm. que a un jugador de 2,05 ms.

Por ello el *"tirador"* consciente de su altura, tendrá en cuenta ésta para construir su propio *"tiro"* en función de ésta, aspectos tales como la subida del balón, velocidad de movimientos, etc. serán importantes.

5.2. LA "QUÍMICA" DEL TIRO (EL PODER MENTAL DEL TIRADOR) CUALIDADES PSICOLÓGICAS Y MENTALES DEL TIRADOR.

Las cualidades que conforman el aspecto mental del jugador se combinan e interrelacionan entre sí de manera tal que unas favorecen el desarrollo de otras, así la concentración sirve para mejorar la confianza y ésta mejora el autocontrol, por ejemplo.

5.2.1. Inteligencia

Aplicado al baloncesto definimos a la inteligencia como la capacidad para leer e interpretar correctamente (de la forma más ventajosa para el equipo) el juego en su conjunto y las más diversas y variadas situaciones del mismo.

Esto requiere en primer lugar percibir bien las situaciones, analizarlas rápidamente y tomar las decisiones más ventajosas para el equipo.

El análisis del juego, requiere controlar la información de una serie de variables en muchas ocasiones bastante numerosas, y esto no es tarea exclusiva de los bases o directores de juego, sino que el *"tirador"*, conocedor de su potencial peligro para los rivales, deberá ver y analizar el juego de ataque, con inteligencia para poder actuar en todo momento en beneficio del equipo.

También la anticipación a las intenciones del resto de jugadores es una característica de la inteligencia que ejercida sobre el juego, brinda muy buenos resultados.

5.2.2. Concentración

La capacidad de focalizar toda la atención sobre en punto o aspecto relevante del juego, lo llamamos concentración, y la misma es determinante para el resultado optimo de las acciones.

Sin embargo debemos tener en cuenta que no existe una sola variable del juego, sino que hay diversas, y en ese sentido la capacidad de controlar estas variables y seleccionar las verdaderamente prioritarias en cada momento es la base de la "inteligencia deportiva".

Esta capacidad de elección de las variables sobre las que debemos estar concentrados es lo verdaderamente importante.

Como la atención no es constante y nuestro dominio del control de la misma tampoco, debemos entrenar, practicando sobre diversas situaciones, para mejorar el control de la concentración, y en consecuencia la ***"capacidad para recuperar la atención"*** mediante la utilización de recursos mentales que debemos tener entrenados.

Para el ***"tirador"*** la concentración es absolutamente esencial para obtener mejores resultados en el tiro. Yo mismo he realizado controles sobre tiros realizados sin concentración, y posteriormente los mismos jugadores han realizado el mismo n° de tiros pero esta segunda vez concentrados, pues bien el resultado ha sido un 30 % de media mayor de aciertos en los tiros tirados por segunda vez, por tanto la fuerza mental (en este caso la concentración), incrementa el acierto en las acciones del juego, y más en concreto en el tiro. Para alcanzar esta concentración se puede uno ayudar mediante diversos recursos mentales, como el hablar con uno mismo (se tiene más eficacia si se habla en voz alta), seleccionar pensamientos positivos, visualizar imágenes de encestes pasados, etc.

5.2.3. La Autoconfianza

La auto-confianza es el sentimiento de aceptación y aprecio hacia uno mismo. No está relacionada con lo que ***"soy"*** sino con lo que ***"creo ser"***.

Los jugadores (al que igual que muchas otras personas en todos los órdenes de la vida, laboral, estudiantil, social, etc.), que no tienen el mínimo nivel de ***"autoconfianza"*** presentan las características siguientes:

a) Se critican constantemente.

b) Se sienten insatisfechos de ellos mismos.

c) Se acusan y se condenan.

d) Exageran la magnitud de sus errores.

e) Tienen sentimientos de culpabilidad.

f) Se derrumban cuando no alcanzan los objetivos propuestos.

g) Son indecisos por un miedo exagerado a equivocarse.

h) Presentan un rendimiento más bajo.

i) No alcanzan las metas propuestas.

Por el contrario los jugadores que tienen *"autoconfianza"* poseen las características siguientes:

a) Poseen una visión de sí mismo y de sus capacidades realista y positiva.

b) Afrontan con positividad los problemas.

c) Superan sus problemas o dificultades personales.

d) Perseveran en sus metas.

e) Favorecen su creatividad.

f) Son más independientes, no necesitan de la aprobación de los demás compañeros o entrenador.

g) Muestran sus sentimientos y emociones con libertad.

h) No se sienten culpables por ser como son.

La vieja frase *"la fé mueve montañas"*, respecto de la fuerza que las convicciones firmemente asentadas pueden aportar. Aquí aplicada a nuestro juego también es determinante.

Cuando un jugador tira a canasta con poca convicción y a ver si casualmente acierta, lo más probable es que esa falta de confianza y fe impida que el lanzamiento se convierta en canasta, incluso en aquellas situaciones teóricamente fáciles, y también en las situaciones de tiro libre (tan importantes en nuestro juego).

Por el contrario en situaciones comprometidas, a falta de poco tiempo y en tiros sucesivos la plena confianza en uno mismo y la fe ciega en que se acertará, determina en muchas ocasiones que se acierte en el lanzamiento.

Esto da un papel preponderante al aspecto mental, del que la confianza o mejor dicho la auto-confianza como la confianza que uno mismo posee en sus posibilidades, es una parte esencial.

Hemos dicho ya en varios apartados de este libro, que la *"parte mental"* del jugador es muy importante y al mismo tiempo que se puede mejorar con un adecuado entrenamiento mental y una correcta y consecuente actuación que conlleve el auto-convencerse de su valía y posibilidades reales, para ello se indican las orientaciones siguientes:

a) En situaciones de desacierto utilizar el verbo *"estar"* en vez del verbo *"ser"*. Por ejemplo: *"estoy"* tirando mal; en vez de: *"soy"* un mal tirador.

b) Quererse a sí mismo es la pieza clave para el desarrollo de la autoconfianza.

c) Frases como *"estoy bien"*, *"puedo hacerlo"*, deben aparecer con más frecuencia en la mente del jugador.

d) Sentirse importante por lo que se es y por lo que se hace.

e) Quererse incondicionalmente con sus virtudes y sus defectos. Pensar que nadie es perfecto.

f) Sacar a la luz lo mejor de uno mismo.

g) En el transcurso del entrenamiento y/o partido adoptar una actitud resolutiva. Pensar en no ser pasivo, sino una persona de acción.

h) Ponerse metas que puedan lograrse.

i) Enfrentarse a los problemas. Pensar que se es capaz de solucionarlos.

j) No temer asumir responsabilidades o tomar decisiones. Si algo sale mal, se aprende de los errores, y se vuelve a intentar.

k) Relativizar los fracasos o errores.

l) Hacer balance sólo al final del entrenamiento y/o partido y premiarse por lo conseguido.

m) Acostumbrarse a estar sólo con los pensamientos y sentimientos. Aprender a disfrutar de nuestra propia compañía.

5.2.4. La Automotivación

El *"estado de ánimo"* que viene determinado por diversos factores (la autoconfianza) influye en el rendimiento de todo deportista y también del jugador de baloncesto e indudablemente del *"tirador"*, en el cual incide de tal manera que puede provocar una racha de errores en el tiro, y también influir en la decisión de tirar.

En ocasiones tenemos a los entrenadores, los compañeros, o nuestros seres queridos que nos animan y nos motivan para superarnos, pero en ocasiones y momentos importantes, o esto no nos basta, o simplemente no tenemos el apoyo de estas personas, por ello el jugador debe hacerlo por sí mismo, para lo cual el jugador debe dominar su estado de ánimo, controlar sus emociones, y los factores que inciden en ese estado de ánimo, como veremos en el apartado del *"autocontrol"*.

Nadie conoce al jugador, ni su mentor, padres, o el mismo entrenador, como él propio jugador a sí mismo, por tanto el jugador debe entrenar el autoconocimiento, para mejor descubrir sus pensamientos, emociones y ansias y someterlos a control. Nadie como él mismo podrá encontrar las razones para superarse.

Por ello en momentos de baja tensión, el jugador debe auto-motivarse, que significaría el encontrar dentro de sí mismo las razones, por las que debe elevar su ánimo y rendimiento, y encontrar el deseo de superación y esfuerzo.

El método no es otro que el *"ser positivo en todo momento"*, especialmente en los momentos de desacierto; y hablarse mucho a uno mismo, empleando para ello los términos propios de una conversación en positivo; afirmando nuestras cualidades y relativizando nuestros defectos de tal manera, que nos anime a seguir adelante con más fuerza.

Hablarse mucho a sí mismo en forma positiva, utilizando frases y palabras tales como: *"soy un tirador"*, *"ésta la meto"*, *"lo voy a conseguir"*, *"dentro"*, *"canasta"*, *"adelante"*, *"arriba"*, etc., y esta conversación en positivo debe acompañarse con la <u>visualización</u> (traer a nuestro pensamiento e imaginación y contemplarlas en el propio pensamiento) de imágenes positivas de tiros, lanzamientos o acciones pasadas con desenlace positivo que transferimos por similitud al momento actual.

5.2.5. El Autocontrol

Saber controlarse a uno mismo, es decir auto-controlar sus emociones, será muy importante para el *"jugador-tirador"*, hacer que el ambiente y la tensión del partido no le afecte, debe ser uno de sus objetivos esenciales que ejercerá con un dominio de su mente para conseguir un estado interior relajado que le posibilite lanzar sin interferencias para un mejor porcentaje de aciertos.

Esto se conseguirá entrenado en las situaciones más semejantes a los partidos, con control sobre las diversas situaciones ayudará al entrenamiento del autocontrol.

Otras cualidades mentales como la concentración, y la autoconfianza ayudarán a un mejor desarrollo del autocontrol.

También se aprenderá a mejorar el autocontrol, de forma natural con el tiempo y la maduración, los jugadores expertos dominan mejor sus emociones que los jóvenes, es decir con práctica y experiencia, aprendiendo de los errores, pero también se puede acelerar el aprendizaje si lo entrenamos, ya que es una cualidad mejorable con entrenamiento mental, el hablarse a sí mismo y convencerse resultará un arma eficaz para dominar sus pensamientos y relajarse imprimiéndose el estado interior que necesita para ser más eficaz en el juego.

El jugador debe interpretar las acciones de sus compañeros y adversarios y a la vez estimar las acciones más convenientes en función de las más variadas circunstancias del juego. Esto supone un control de diferentes variables de juego: momento del juego, resultado en ese momento, tiempo restante de posesión, defensor con faltas personales, defectos y virtudes de los defensores, no sólo del suyo propio.

Otras circunstancias ajenas al juego (presión ambiental por prensa, público, errores arbitrales, etc.), puede condicionar y afectar al propio control del jugador sobre las situaciones del juego. Es necesario contemplar estas circunstancias para evitar que la sensación de falta de control afecte al autocontrol del jugador. Pues es muy típico excusar la pérdida de autocontrol por las circunstancias antes mencionadas como una justificación suficiente; debemos enseñar al jugador que debe huir de esa justificación.

5.2.6. La decisión y valentía

Por regla general, el *"tirador"* no debe pensar dos veces el tiro, no debe dudar, en cuanto tenga buena posición debe lanzar el tiro.

De poco sirve que tengamos una excelente técnica de tiro, y una buena percepción y lectura del juego, si en los momentos necesarios nos falta decisión para tirar, si dudamos demasiado y no nos atrevemos a realizar el tiro.

Seguramente cuando no nos atrevemos a tirar es por el miedo exagerado y desmedido a fallar en el lanzamiento, y en consecuencia por falta de autoconfianza en uno mismo y en sus posibilidades, así es que trabajando la autoconfianza y reforzándola mejoraremos la capacidad de decisión del jugador para lanzar.

Por ello es fundamental en las etapas de formación, que el jugador se acostumbre a lanzar a canasta en cuanto tenga buena posición, para ello y como ya hemos dicho es muy importante que los entrenadores no sólo no repriman el que los jugadores con buena posición lancen a canasta, sino que les animen y fomenten con multitud de ejercicios para acostumbrarles a tirar, así estamos forjando para el futuro esa determinación tan necesaria para todo jugador.

También ocurre que hay momentos en los partidos, generalmente cuando falta poco tiempo y con los tanteos ajustados, en el ataque, que el balón *"quema"* en las manos, y los jugadores se lo quitan de encima dando un pase adicional, sin atreverse a tirar, pues de esos tiros muy probablemente puede depender el desenlace del partido; y ahí es donde precisamente el *"tirador"*, al cual seguramente buscarán sus compañeros, no debe "esconderse", sino aflorar su *"valentía"*, mostrarse, buscar el balón, una buena posición y tirar a canasta.

El *"tirador"* no debe tener miedo a fallar, ni a sus consecuencias, sino que consciente de su responsabilidad y posibilidades reales (por algo es el "tirador") debe emerger más que nunca y asumir con valentía el reto que se le presenta. De esta forma mostrándoles el camino, sus compañeros tomarán ejemplo y se reforzará su *"liderazgo"*.

5.2.7. El liderazgo del "Tirador"

Definiríamos el *"liderazgo"*, como la capacidad de influir sobre el resto de compañeros asumiendo la conducción del equipo con sus acciones por sendas positivas.

Para el ejercicio del *"liderazgo"*, es fundamental ejercerlo con *"entusiasmo"* creyendo firmemente en lo que hace y transmitiendo ese entusiasmo al resto del equipo, así mismo otra nota característica debe ser la *"ambición"*, como deseo de superación de él mismo y del equipo, esta exigencia por conseguir nuevas y superiores metas, hará avanzar al equipo.

En la medida que el baloncesto es un deporte de equipo, también lo es por la suma de las acciones positivas y negativas que realizan todos y cada uno de los jugadores; es en este sentido que los tiradores por sus acciones y sensaciones que transmiten: fundamentalmente *seguridad y confianza* ejercen un liderazgo en el equipo, de tal manera que los compañeros buscan el amparo del tirador pasándole el balón, sobre todo en aquellas situaciones, no tan sólo las comprometidas, que esperan del tirador convierta la acción en canasta conseguida (resultado positivo).

Aunque no todos los *"tiradores"*, por su personalidad (más fría o retraída) ejercen claramente esa función de *"liderazgo"* del equipo.

Hay jugadores tiradores que en su persona y por su determinación encarnan también claramente esta función de *"liderazgo"* y la ejercen de forma nítida.

Es bastante frecuente observar en los partidos, sobre todo en los minutos finales que se diga, que el *"tirador"* se ha "echado el equipo a las espaldas", cuando enlaza una serie de acciones positivas (canastas), se refiere esto que asumiendo precisamente esa posición de *"liderazgo"*, no inhibiéndose de la responsabilidad que de él espera el equipo, y mostrando también la valentía que de él se espera.

El resto del equipo espera que la conducta del *"tirador-líder"*, sea también una conducta responsable, es decir que evite pecar de individualismo y tire a canasta con una buena "selección de tiro"; por el contrario si el jugador tira sin criterio, sin posición, extemporáneamente y de forma alocada, pronto perderá los atributos de liderazgo.

5.2.8. Responsabilidad y solidaridad

La responsabilidad en la marcha del equipo, es tarea de todos los jugadores, sin embargo, ésta es aún mayor en aquellos jugadores que en el ataque anotan un mayor número de puntos, y esto por regla general ocurre en gran medida con los *"jugadores tiradores"*, que en un numerosas ocasiones culminan las posesiones de balón que con tanto esfuerzo ha conseguido el equipo.

Por ello los tiradores deben ser conscientes y comportarse con responsabilidad, buscando una buena *selección del tiro*, no realizando tiros sin posición clara para tirar, y no abusando de un individualismo exagerado; la conducta contraria a estas premisas supone una falta de respeto al equipo y al esfuerzo de los compañeros que posibilitan las recuperaciones de balón y en gran medida que al *"tirador"* le llegue el balón en buenas condiciones.

Asumir todas las características descritas en los apartados anteriores debe hacerse sin pecar de individualismo excesivo fruto de una actitud egoísta, para ello hemos hablado anteriormente de la *"humildad"* y *"responsabilidad"* con que debe comportarse un *"tirador"*, a la que debe acompañar la *"solidaridad"* como uno de los valores más importantes de un equipo.

La *"solidaridad"* siendo un valor del equipo en su conjunto, se compone de la suma de las solidaridades individuales de los miembros del equipo, así en un equipo nos encontramos con jugadores, más o menos solidarios y en consecuencia, menos o más egoístas; por lo que todo cuenta y todo suma.

Será tarea de los entrenadores en muy buena medida, pero de todos los miembros del equipo la responsabilidad global de que exista un grupo fuerte, unido y solidario.

Ya dijimos anteriormente que el baloncesto al ser un juego de equipo requiere del concurso y de la conjunción de fuerza y acciones de todos los miembros del equipo en la misma dirección, esto le da la *"fuerza interior"* al equipo, pues bien, esta *"fuerza interior"* se cimenta en la *"solidaridad"* como *valor supremo del equipo*, que lo conjunta, lo aúna y lo hace más fuerte. Por el contrario las actitudes y posturas insolidarias y egoístas, desunen el equipo y lo debilitan, llevando al fracaso final a todos sus componentes.

La *"solidaridad"* (poca o mucha) se muestra en todas las facetas del juego y del extra-juego, por ejemplo en la defensa, pero también en la ayuda a los compañeros en los entrenamientos, y en las tareas externas al mismo, como preparar o recoger los materiales, viajes, etc.

Es en este sentido que el *"tirador"* con sus características especiales, pero como un jugador más del equipo debe dar ejemplo de actitud solidaria.

5.2.9. Transmisión de seguridad

La *"seguridad"* como certeza de lo que va a ocurrir en positivo, representa calma y tranquilidad a los miembros del equipo y es por tanto, un *valor "intangible"* importante que se deriva de la confianza que depositan en el tirador, el resto del equipo, y que incide de forma más positiva en el juego del equipo.

Tener la *"seguridad"* de que el *"tirador"*, acertará en el lanzamiento, o dará un buen pase, o realizará la mejor acción posible, dará confianza al equipo. Estamos por tanto en un aspecto en que la confianza del equipo en el *"tirador"*, se ve retroalimentada por la confianza que transmite el *"tirador"* al resto del equipo, en una espiral de desarrollo positivo.

La *"seguridad"* se siente y se percibe de una forma especial, si el *"tirador"* se muestra inseguro, titubeante, no trasmitirá la *"seguridad"* que el equipo espera ver en él; es por eso mismo que debe ser consciente en comportarse de **forma positiva**, no lamentarse de los errores y trasmitir seguridad y confianza plena, esto será muy importante para el equipo y como ya vimos, también lo será para su propio juego.

5.2.10. Humildad

La actitud de un *"tirador"* en relación a sus compañeros de equipos debe ser de respeto y humildad, de respeto en reconocimiento a que todos son parte del equipo y que la contribución del tirador, aún siendo importante no lo es todo, porque si no fuera por el trabajo que hacen los demás compañeros del equipo en otras tareas, pero también en las que tienen relación con su exitoso tiro, de prepararlo y posibilitarlo (asistencias, bloqueos, pantallas, etc.), el *"tirador"* no brillaría.

Así pues lo primero que debe aprender el *"tirador"* es a respetar y reconocer el trabajo de sus compañeros, ganándose su respeto día a día en los entrenamientos, y en todas las ocasiones de relación con sus compañeros, pues el equipo es lo más importante en este deporte.

Por otra parte si su actitud fuera de "divismo", egoísta, y de desprecio hacia sus compañeros, no se tardará mucho en resquebrajar la unidad del equipo y que el resto de sus compañeros, acaben por eludirle tanto fuera, como dentro de la cancha. La historia del baloncesto está llena de casos en que un tirador soberbio y poco humilde, no ha triunfado en su equipo por el merecido desdén de sus compañeros.

En relación a otros estamentos de su club: directiva, cuerpo técnico y afición igual proceder de respeto y humildad deberá seguir el *"tirador"* si igualmente quiere ser valorado, considerado y respetado.

Frente a rivales, medios de comunicación y público en general, una buena actitud, también generará el respeto debido. Así es que respetando a todo el mundo, el tirador se centrará mejor en su cometido y no se descentrará ni desgastará en polémicas y guerras inútiles por actitudes indeseables.

5.3. LA FORMACIÓN DE LOS "JUGADORES-TIRADORES"

El jugador debe aprender los fundamentos básicos de la mecánica del tiro, mecanizar totalmente sus movimientos y secuencias y seguirlos al máximo, hasta que surjan de forma automática.

Aunque el estilo del tiro es algo propio de cada jugador. Por tanto él puede variar algo de la mecánica ortodoxa, según sus características físicas y según su interpretación, en ese sentido el entrenador debe dejar un margen de creatividad e identificación al propio jugador, pues éste debe desarrollar su tiro según su propia personalidad "el estilo propio de cada jugador-tirador".

Al mismo tiempo el jugador que pretenda llegar a ser un buen *"tirador"*, debe ser consciente de las exigencias físicas y capacidades mentales que precisa para ello, como hemos visto en capítulos anteriores, y en consecuencia trabajar mucho y entrenar con entusiasmo su cuerpo y su mente para alcanzar un buen rendimiento en la faceta del tiro.

Moldear hasta alcanzar las idóneas condiciones físicas y mentales obviamente llevará su tiempo, por lo que se debe empezar también lo más pronto posible.

En consecuencia la formación del "jugador tirador", será completa y armónica (coordinada) en las tres vertientes, física, mental y técnica, y empezada cuando más pronto mejor.

5.4. COMO DEBEN JUGAR LOS "JUGADORES-TIRADORES"

El *"tirador"* en el ataque debe estar siempre activo, no puede estar quieto pues así se defiende él sólo a sí mismo, al mismo tiempo de estar observando la posición de los compañeros y rivales, en especial su defensor, atento a las circunstancias del juego, tanteo, tiempo de posesión e intentando captar la jugada con antelación adelantándose a los movimientos de su defensor.

Debe conocer al detalle los sistemas de juego de su equipo y esto en todas las posiciones, pues así le permitirá adelantarse y saltar a por el balón estando totalmente preparado para recibir el balón en posición de tirar, es decir flexionado de piernas y los pies encarado al aro, con los brazos y manos listos para recibir el pase y *tirar rápido*, o amenazar el aro con una finta, sin necesidad de tener que bajar o acomodar el balón para realizar el lanzamiento.

Por tanto no se trata de extender los brazos para recoger el balón, pues esto significaría emplear más tiempo en recoger los brazos y acomodarlos para el tiro, sino que es más rápido y práctico aprender a ir a buscar el balón con un salto (en la parada en un tiempo) teniendo ya previamente los brazos y manos colocadas y listas para tirar, igualmente estaremos preparados si optamos por la parada en dos tiempo dando un paso para parar, en vez del salto, en este caso apoyaremos primero el talón del pie más cercano al aro, con el fin de frenar el peso del cuerpo, luego la punta del mismo pie debe de apoyar en el suelo ligeramente inclinada hacia la canasta para pivotar y cuadrarnos totalmente frente al aro con el otro pie momento en que iniciamos el salto para el tiro en suspensión de forma correcta.

El "tirador" debe "leer" a su defensor buscando sus puntos débiles y utilizando el movimiento apropiado según la reacción de éste. Así las posibles situaciones que podrían darse, una vez el "tirador" tiene el balón y a las que debe prestar atención, entre otras, son:

a) Base de sustentación. Posición y separación de los pies, posición del cuerpo.

b) Distancia del defensor al atacante: si se defiende más el tiro o la penetración.

c) El centro de gravedad del defensor y los talones, si están levantados facilita más la penetración.

d) Los brazos levantados, los codos alejados del cuerpo, etc.

En base a esta información el "tirador" debe saber:

a) Que el primer paso rápido, lo suficientemente amplio y por debajo del defensor es el más importante, pero también lo es la frenada en seco (pie de freno) al finalizar el movimiento, lo que nos aportará el necesario equilibrio.

b) Que bajando su centro de gravedad al iniciar el movimiento, hace más rápido el mismo y es más difícil para el defensor sujetarle con la mano.

c) Que es imprescindible estar preparados mirando a la canasta y fintando el tiro para así facilitar el movimiento de 1 X 1.

Al mismo tiempo si el *"tirador"* recibe una ayuda o un cambio defensivo, que le dificulta el tiro, debe intentar pasar e los compañeros en especial a los jugadores interiores, en ese sentido debe leer bien los bloqueos que se le hacen y la adecuación defensiva a los bloqueos, es decir si hay cambios defensivos y, cual es la trayectoria por donde pasan los defensores.

En definitiva el *"tirador"* con su actitud activa, debe estar constantemente creando peligro y centrando la atención de la defensa, esto liberará de presiones defensivas y ayudará a sus compañeros.

6 | La técnica del tiro

6.1. PARTES DEL CUERPO Y FASES DEL MOVIMIENTO QUE INFLUYEN EN EL TIRO

A.- PIES: Anchura de los hombros, dirección y paralelos.

B.- RODILLAS.

C.- FLEXIÓN DE PIERNAS.

D.- CADERA: Apuntar al aro.

E.- AGARRE DEL BALÓN: La "T".

F.- SUBIDA DEL BALÓN.

G.- CODO DE LA MANO DE TIRO.

H.- LANZAMIENTO: LA "U" (extensión del brazo, antebrazo, muñeca (arruga), mano y dedos).

I.- MANO Y BRAZO DE APOYO.

J.- SEGUIMIENTO DEL TIRO.

K.- CABEZA Y MIRADA.

6.2. MECÁNICA DE TIRO CORRECTA

6.2.1. Definición

Sería el conjunto de gestos y movimientos físicos (biomecánica) que nos posibilitan el lanzamiento a canasta de la forma más óptima posible en cuanto a economía de movimientos (velocidad) y sencillez de los mismos con la máxima efectividad posible.

Una buena mecánica es la que permite tirar con equilibrio, en un movimiento continuo, lo más rápidamente posible, de forma rítmica y armónica y producir un *"vuelo natural"* del balón lo más asequible al propio físico del tirador, finalizando en un descenso suave del balón sobre el aro. Un buen tiro, nunca es un tiro forzado, o que rebota con excesiva fuerza en el aro.

6.2.2. División del tiro

Podemos dividir el "tiro", en seis partes:

A) EL AGARRE:

Colocaremos **la mano de tiro detrás del balón en el centro del mismo**, al principio y para enseñar a los más pequeños nos serviremos de la referencia de la válvula, la cual la colocaremos entre los dedos índice y corazón, así facilitaremos el poder tirar totalmente en línea recta.

El balón se asentará únicamente en las yemas de los dedos y en los colchones de la mano. Los dedos deben abrirse lo máximo posible para así abarcar una mayor superficie del balón.

La mano de apoyo la colocaremos al otro lado del balón de tal forma que los pulgares de las manos forme una "T", siendo el pulgar de la mano de tiro el palo vertical, y el larguero de la "T" lo representa el pulgar de la mano de apoyo.

No es necesario que los pulgares se toquen, ello dependerá del volumen de las manos de cada jugador.

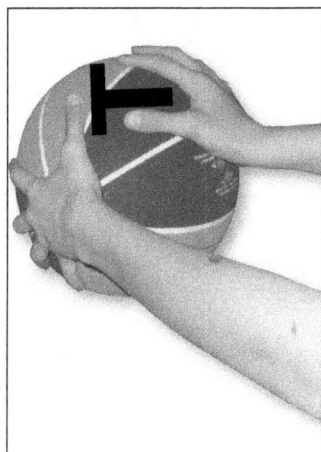

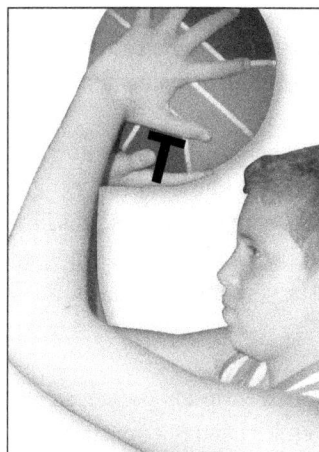

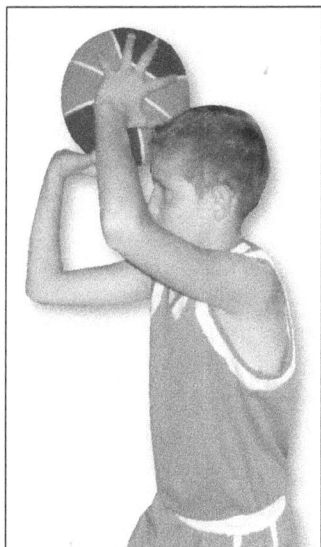

B) LOS PIES:

Los pies son la base de sustentación del jugador, por tanto su colocación y posición en el suelo son fundamentales para conseguir un buen equilibrio del jugador y en consecuencia artífices de un tiro equilibrado.

El pie del lado de la mano que tira debe estar adelantado medio pie con respecto del otro pie, de tal forma que coincida la punta del pie más atrasado con el puente del pie adelantado.

Los pies deben apuntar muy ligeramente al lado contrario de nuestra mano de tiro (ejemplo si somos diestros deben apuntar ligeramente a la izquierda de la canasta), de esta forma conseguimos que el hueso de nuestra cadera apunte directamente y en línea recta al centro del aro, para ello también podemos utilizar como referencia (sobre todo en los tiros libres) la línea (imaginaria) perpendicular al suelo que corta por el centro la canasta y se prolonga hacia nuestro pie de tiro.

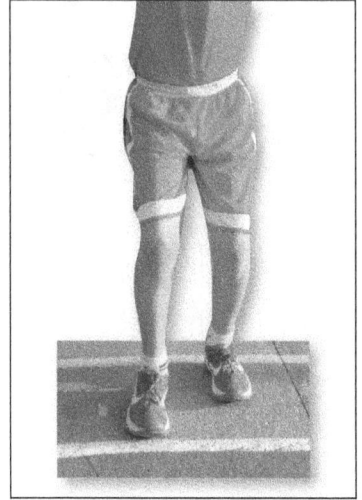

La separación entre ambos pies, será la misma en la puntera que en los talones, es decir estarán paralelos (No a los pies de pingüino), y también la distancia de separación debe ser aproximadamente la misma que la anchura de los hombros del jugador. Con esto conseguiremos más balance y equilibrio.

En los tiros estáticos y en movimiento los talones de los pies proporcionan el primer impulso del tiro.

C) EL CUERPO:

Las piernas y rodillas deben permanecer rectas y paralelas, se flexionan para tirar pero en absoluto debemos permitir que los jugadores junten las rodillas (vicio muy común, sobre todo en chicas). La puntera del pie debe estar en línea vertical con la rodilla.

La cadera debe apuntar directamente al aro.

El cuerpo debe bajar y subir siempre en línea recta bajando el tronco y subiéndolo también en línea recta, inclinándose ligeramente hacia delante en el momento de partida del tiro, pero nunca hacia atrás.

La cabeza está en posición recta en todo el tiro y no debe moverse para nada.

Los ojos no deben seguir la trayectoria del balón, sino que todo el tiempo deben permanecer mirando el objetivo (la parte interior-posterior del aro).

D) LA SUBIDA DEL BALÓN:

El balón debe subir siguiendo la línea del pie adelantado del lado de la mano que tira y se debe efectuar en línea recta-vertical, sobre la pierna de la mano de tiro, entre la nariz y el hombro de la mano que tira.

El balón sube hasta formar una "U" (formada por el antebrazo como base de la "U", el brazo y la muñeca con el balón), para que esta posición de la "U" sea correcta el brazo estará paralelo al suelo, el antebrazo estará perpendicular al suelo y formará un ángulo recto (90 °) con el brazo y al doblar la mano de tiro hacia atrás deberemos formar "arrugas" en la muñeca. Debemos evitar formar "V" entre el brazo y el antebrazo (tiro de "catapulta").

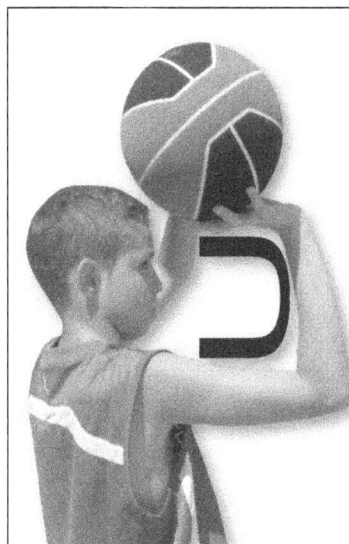

Debemos evitar abrir el codo al subir el balón, para ello el antebrazo deberá permanecer totalmente perpendicular al suelo; podemos usar como referencia el tacto de nuestro brazo con la parte lateral de nuestro tronco, de tal forma que si no hay tacto quiere decir que nuestro codo se ha abierto y nuestro antebrazo no sube perpendicular al suelo y al aro. Por tanto el codo en línea con la puntera del pie y la rodilla.

El balón debe subir simultáneamente con la bajada del cuerpo en la flexión de piernas.

El balón debe colocarse un poco más alto que la sien entre hombro y nariz, el brazo que lanza debe estar flexionado formando un ángulo recto con el antebrazo paralelo al suelo. El plano del brazo será perpendicular al del cuerpo. La muñeca también formará un ángulo recto con el antebrazo.

Sólo los dedos tocarán el balón, y estarán bien abiertos aunque sin tensión, el dedo pulgar formando un ángulo casi recto (70°-80 °) con el índice. La palma de la mano nunca debe tocar el balón.

La mano de apoyo queda al lado opuesto del balón, formando la "T" con los pulgares (como ya hemos visto). Las puntas de los dedos quedan mirando al techo y las yemas y colchones son los que contactan con el balón con la única misión de ayudar a equilibrar el balón sin interferir para nada en el impulso del tiro que daremos con la mano de tiro. Por tanto el contacto de esta mano debe ser de simple apoyo y control sin presionar excesivamente ni impulsar el balón.

El brazo y antebrazo de la mano de apoyo suben simultáneamente al brazo de tiro, aunque en este caso el codo del brazo de apoyo debe abrirse ligeramente para facilitar un espacio ubicado entre los dos antebrazos que denominaremos *"ventana"* y que tiene como misión el poder mirar y apuntar con buena visibilidad el aro. Esta *"ventana"* debe ser lo suficientemente amplia para facilitar nuestro tiro.

Ventana del tiro.

E) EL LANZAMIENTO O "TIRO":

Partiendo de esta posición inicial el jugador debe realizar un movimiento continuo, sin tirones. Se debe coordinar el movimiento de extensión de piernas (las rodillas estaban semisflexionadas) y brazos simultáneamente para lanzar el balón hacia el aro, al que añadiremos el golpe de muñeca en el momento final de la extensión total.

Para facilitar el entendimiento de la secuencia del movimiento indicamos que partiendo de la posición anterior se dan los movimientos siguientes:

1º. Como si recibiéramos un golpe seco debajo de nuestro brazo, él mismo se elevará partiendo de los 90 ° hasta que el codo esté a la altura de nuestra ceja (120 ° aprox.).

2º. A partir de ahí entrará en acción el movimiento de antebrazo hacia delante, hasta que casi el brazo y el antebrazo formen una línea recta.

3º. En ese momento se unirá el movimiento completo de muñeca de atrás hacia delante impulsando el balón hacia el aro.

4º. El último impulso debe darse con los dedos en especial el índice y el corazón que serán los últimos dedos que contactarán con el balón, dándole con sus yemas un último impulso para que el balón realice un ligero movimiento de rotación hacia atrás (en cualquier caso no superior a 2,5 vueltas en las distancia de los tiros de 3 puntos).

El balón deberá seguir una trayectoria curva (en parábola) describiendo un arco amplio evitando la trayectoria recta, para caer lo más vertical posible al aro en una distancia entre 20 a 50 cms. Sobre la vertical del aro su trayectoria será totalmente vertical, el balón no debe entrar angulado en el aro, situación típica de los tiros con trayectoria demasiado recta, pues en este caso el porcentaje de aciertos descenderá aprox. Un 15%.

En definitiva la trayectoria del balón será la resultante de tres fuerzas, por un lado las piernas y los brazos impulsando hacia arriba, el antebrazo y la muñeca que dirigen su fuerza hacia el aro, y los dedos que impulsan el balón en el movimiento de rotación hacia atrás.

Dos aspectos fundamentales son el que la acción sea continua (en un solo movimiento, sin tirones ni paradas), y lograr que al final sea suave, ninguna acción debe alterar nuestro equilibrio y estabilidad.

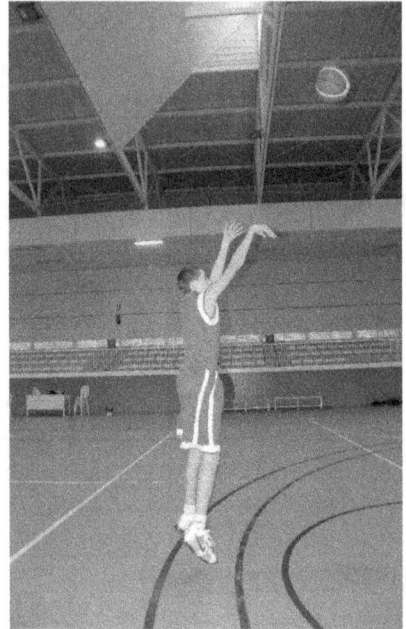

F) EL SEGUIMIENTO DEL "TIRO":

Una vez hemos lanzado y antes de volver a una posición activa en el juego nuestro brazo y mano de lanzamiento deben quedar totalmente extendidas, con la palma de la mano mirando hacia el suelo, los dedos abiertos y extendidos mirando al aro, el cuerpo recto mirando al aro, sin girarlo y cayendo en el mismo lugar desde el que saltamos (si fue un tiro con salto), durante unos instantes, hasta que el balón entre por el aro. La mano de apoyo quedará abierta mirando a la otra mano, y permaneciendo paralela, no se moverá hasta completar la secuencia del "seguimiento".

6.2.3. Errores más frecuentes:

1) No sincronizar las secuencias del tiro. (Movimiento continuo, armónico y coordinado).

RESPECTO DEL AGARRE DEL BALÓN:

2) Mal "agarre" del balón.

3) Sujetar el balón con los dedos demasiado juntos, apoyar el balón en la palma de la mano.

4) No realizar una buena "T" con los pulgares.

5) Que la mano no esté en el centro del balón. Que no haya hueco entre la mano y el balón.

6) Que la mano no esté en la misma línea con el codo.

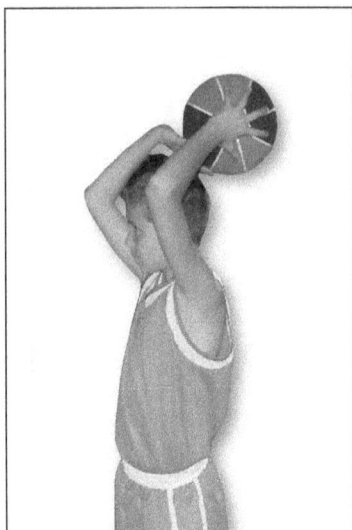

Error. Balón detrás de la cabeza.

Error. Mal agarre, los dedos no forman la "T".

Error. Mano de apoyo delante del balón, interfiere el tiro, poca ventana. El balón se apoya sobre la palma.

Error. Mal agarre, dedos juntos.

RESPECTO DE LOS PIES:

7) Mal equilibrio por mala colocación de los pies.

8) Juntar o separarlos excesivamente así como mantenerlos totalmente paralelos perjudica notablemente el equilibrio y el necesario impulso con el que hay que imprimir a los tiros.

9) Que no estén bien orientados apuntando a la canasta con la cadera.

10) En el tiro en movimiento, y más en concreto en la parada en dos tiempos suele ocurrir:

   a) Que no se apoye el talón primero y después la punta del pie.

   b) Que el pie contrario al de pivote no termine llegando a mirar al aro en la posición final para el tiro.

Pies simétricos.

Pies juntos.

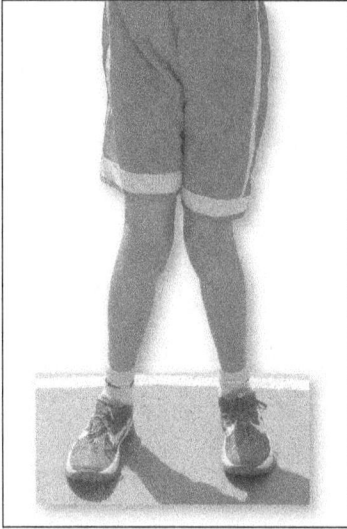

Rodillas juntas en "X".

Pies muy separados.

Pie opuesto adelantado.

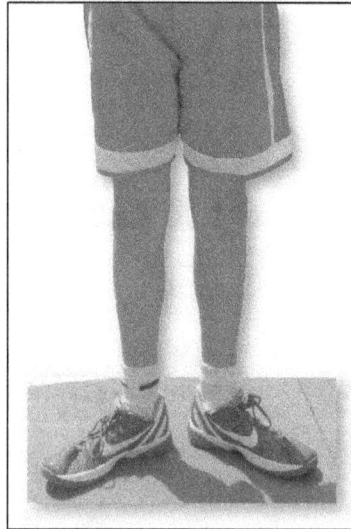

Pies no paralelos. Pingüino.

RESPECTO DEL CUERPO:

11) Colocar el peso del cuerpo encima de los talones.

12) Juntar las rodillas, aún teniendo bien colocados los pies (rodillas en "X").

13) Que la cabeza no esté recta, y por tanto se inclina hacia delante o hacia atrás.

14) No flexionar lo suficiente las rodillas hasta que estas coincidan con la punta de los pies en una línea vertical.

LA SUBIDA DEL BALÓN:

15) Que el balón no suba en línea recta.

16) Que el cuerpo se inclina y no sube y baja recto.

17) Que no coincidan la flexión de piernas con la subida del balón.

18) Abrir mucho el codo (de la mano de tiro) en la posición de inicio. No apuntar con el codo a la canasta. Por tanto debe meter más el antebrazo.

19) No colocar bien el balón desde su inicio, si lo colocamos demasiado delante (ángulo de más de 90º del antebrazo con el brazo) el tiro será muy raso), si lo colocamos demasiado atrás (por situar el tronco hacia atrás), deberemos realizar demasiada fuerza con el antebrazo para poder llegar al aro. En la magnitud lateral debe estar entre nariz y hombro.

20) No colocar el balón encima de la sien.

21) No hacer una buena "U". Pasándose o no llegando a ella completamente.

22) No mirar a la canasta.

23) No utilizar suficientemente la fuerza de las piernas para tirar.

24) No soltar los brazos hacia arriba para formar un buen ángulo del brazo con el cuerpo: resultado el tiro tiene poco arco en su parábola, y el balón va muy raso.

25) Cruzar el brazo de lanzamiento por delante de la cara.

Error. Balón separado en exceso del cuerpo, no hace la "U". Tiro raso.

Error. Codos demasiado abiertos.

Error. Balón detrás de la cabeza. No hace la "U" si no la "V".

LA TERMINACIÓN:

26) No dar un buen golpe de muñeca.

27) Que se dé el golpe de muñeca anticipadamente a la extensión total del brazo.

28) Que no se conserve la línea recta de subida al lanzar el tiro.

29) Que el movimiento no sea continuo y que se corte en dos o más partes.

30) No empujar lo suficiente con los dedos el resultado es que el balón da pocas vueltas hacia atrás.

31) No utilizar los dedos índice y corazón como último contacto con el balón en su dirección a la canasta.

32) No realizar la extensión total de los brazos.

EL SEGUIMIENTO DEL TIRO:

33) Retirar anticipadamente la mano de apoyo sobre el balón, y lo que es peor interferir con esa mano (o algunos de sus dedos, el pulgar más comúnmente) la buena trayectoria del tiro. Y también retirar demasiado tarde la mano de "apoyo" y el resultado es un tiro a dos manos.

34) Retirar antes de tiempo el brazo de tiro, con lo cual se cambia la trayectoria del tiro, y no mantener la posición final de seguimiento del tiro.

35) Retirar la vista del aro para mirar la trayectoria del balón.

6.2.4. Errores de los entrenadores:

No corregir constantemente hasta los más pequeños errores o vicios gestuales del tiro.

No tener la paciencia adecuada para enseñar el tiro.

Dejar que el jugador tire primero de lejos, sin enseñarle antes los fundamentos de la mecánica de un buen tiro.

Renunciar a corregir los malos gestos y hábitos de los jugadores respecto del tiro, por temor a que los mismos bajen su porcentaje de aciertos.

No fijarse, ni dar importancia a los detalles del tiro.

Recriminar a los jugadores por sus fallos en los lanzamientos, no por la oportunidad o no del tiro (Selección del tiro).

No enseñar ni trabajar, para su óptimo desarrollo el aspecto mental del tiro (la *"química del tirador"*).

Preferir siempre una bandeja a un buen tiro (en etapas de formación).

No dedicar un tiempo mínimo y suficiente en los entrenamientos a la enseñanza y práctica del tiro.

Es responsabilidad del entrenador poner el orden necesario en la enseñanza del tiro. En un jugador que no sea principiante, se debe tener la suficiente paciencia para antes de corregir, no nos precipitemos y observemos cuál o cuáles son los errores y el orden de las correcciones.

En los jugadores principiantes, el orden a seguir es:

1º. Que tiren con decisión.

2º. Que los pies apunten al aro.

3º. Que el tiro sea por arriba, es decir dejando el balón por encima de los ojos.

4º. Que tire con una mano.

5º. Inicio de las correcciones, según la *"mecánica correcta"* del apartado 6.

Aunque estos son sólo algunos de ellos, en mi opinión el más grave, es el que llamo de *"represión del tiro"*. Estos *"represores del tiro"*, seguramente buscando el resultado cortoplacista, y ganar partidos a toda costa, incluso a costa de cortar el talento natural de sus jugadores, supongo que no son conscientes, del "daño" tan enorme que están infringiendo a nuestro baloncesto, pues reprimiendo el tiro, están frenando en buena medida su óptimo desarrollo.

He llegado a conocer a entrenadores que incluso de forma taxativa con amenaza directa del banquillo y "ostracismo" han prohibido terminantemente a determinadores jugadores que tirasen a canasta asignándoles ya a estas edades tan tempranas de formación (alevines, e infantiles) tareas específicas y exclusivas, tales como: "tú sólo a defender", "tú sólo a rebotear", y si coges el balón no se te ocurra tirar, pásala a fulanito", etc.

7 | Clases de tiros

7.1. EL TIRO EN ESTÁTICO

Denominamos "tiro en estático" al tiro realizado con el juego en "vivo" (descartamos aquí, los tiros libres, que merecen un apartado exclusivo), *pero sin desplazamiento ni movimiento previo*.

Debe realizarse cuando el jugador está libre de toda marca defensiva, por buena rotación del balón, disponiendo de varios segundos para lanzar, y se utilizará o no el salto, dependiendo de la distancia del aro a la que se encuentre, utilizando para ello la *"mecánica correcta"* para poder lanzar totalmente en equilibrio, y asegurar el máximo acierto posible.

7.2. LOS TIROS LIBRES

¿Cuántos partidos se ganan o pierden por menos de 10 puntos?, ¿Cuántos partidos perdidos se hubieran ganado si nuestro equipo hubiera acertado los tiros libres que hemos hallado?

Muchos entrenadores se lamentan a "posteriori" de partidos perdidos por escaso margen de puntos, buscando tal o cual explicación táctica del partido y no ven lo que está simplemente delante de sus narices, y es que, si sus jugadores mejorasen sus porcentajes de acierto en los tiros libres esos partidos probablemente se hubieran ganado.

Los puntos derivados de tiro libre suponen aproximadamente una cuarta parte de los puntos totales de un partido; por lo que debería ser primordial, es darle el valor y la importancia que realmente tienen, y esto concretado en los entrenamientos, corrección de su técnica e importancia del tiempo que le dediquemos a ello, como mínimo les deberemos dedicar la misma proporción de tiempo en los entrenamientos, que su incidencia en el tanteo global.

Por desgracia es bastante frecuente observar a los entrenadores de jugadores en etapas de formación que cuando mandan tirar tiros libres, generalmente al final y en escasa cuantía se relajan y conversan entre ellos, o con el delegado, o realizan anotaciones; no prestando atención a como tiran sus jugadores y mucho menos a corregirles.

Un tiro libre eficaz requiere una mecánica correcta, rutina, relajación, ritmo, concentración y confianza.

Dado que es un tiro que se realiza siempre en las mismas condiciones objetivas, es decir desde el mismo sitio (distancia a 4,60 mts. del aro), sin defensor y con el tiempo parado, teniendo a nuestra disposición 5 segundos de tiempo para lanzar a contar desde que el árbitro nos entregó el balón.

Por tanto con independencia de la mecánica que ya tenemos son de vital importancia los aspectos mentales tales como la capacidad de concentración y la confianza con la que ejecutemos el tiro.

Se debe adoptar también una *liturgia* o ritual (conjunto de gestos), la cual la fijaremos de forma definitiva y seguiremos siempre, no siendo aconsejable por tanto cambiarla repetidamente o copiarla de otros jugadores, es importante que cada jugador tenga la suya propia. Ya que esta nos proporcionará el ritmo y facilitará nuestra concentración y confianza.

La *"liturgia"* puede consistir en una serie determinada de botes, el "tactar" repetidamente el balón, imaginar o *"visualizar"* un enceste y **hablar con nosotros mismos unas determinadas palabras**, como por ejemplo: "esta la meto", "arriba", "dentro", etc. con el objeto de aislarnos de la presión ambiental y que al mismo tiempo incidirán positivamente en el ritmo, en la concentración y en la confianza para tirar.

Así pues la secuencia del tiro libre, sería la siguiente:

1) Esperar un poco retirado de la línea de los tiros libres, para liberar tensiones y evocando pensamientos positivos.

2) Cuando el árbitro entrega el balón, el jugador se acercará y fijará los pies (anclándolos en el suelo), esto le proporcionará el necesario equilibrio para el tiro (según vimos en el epígrafe de la *"mecánica correcta"*). El pie de la mano de tiro se colocará en línea recta y perpendicular frente al centro del aro, podemos utilizar alguna referencia que marque el centro del diámetro del circulo, de esta forma la mano de tiro estará situada justo en línea recta con el centro del aro, evitando colocar la cabeza en ese punto, ya que disponemos de un margen de error lateral de 11 cms. Para que el balón teniendo trayectoria totalmente recta entre limpio en el aro (según vimos anteriormente).

3) Realización de nuestra *"liturgia ritual"*, y rápido repaso mental de nuestra *"mecánica correcta"*.

4) Bajaremos los hombros para relajarnos, relajando también brazos manos y dedos, respiraremos profundamente, última *"visualización"* de un enceste, concentración máxima en el aro (parte posterior–central) **hablaremos nuestras palabras clave** y lanzaremos mediante la *"mecánica correcta"* (elevando el balón y bajando el cuerpo con el balón arriba, sin bajar el balón en ningún momento (ya que si lo bajamos podríamos incrementar las posibilidades de errar), este movimiento de extensión de las piernas, levantando los talones hasta colocarnos de puntillas sobre la punta de los pies, nos aportará la fuerza suficiente para llegar al aro y encestar.

5) El jugador deberá realizar el *"seguimiento"* del tiro exagerando el acompañamiento, manteniendo la vista en el aro (no siguiendo la trayectoria del balón), y manteniendo alzado el brazo de tiro hasta que el balón entre por el aro.

Cuando tiramos tiros libres indirectamente y por transferencia estamos trabajando y consecuentemente mejorando nuestra técnica de tiro y el conjunto de todas las modalidades de tiro, en especial el tiro en estático y en movimiento.

Una buena manera de trabajar los tiros libres, seria lanzarlos en los entrenamientos en las situaciones lo más parecidas posibles a la situación real de partido, es decir tirarlos en series de dos en dos, con toda la *"liturgia"* completa, bajo presión y a ser posible como pausa intercalada entre ejercicios de intensidad alta.

También se debería corregir la situación que se da en los entrenamientos (en mi opinión erróneamente), en los que en los ejercicios, y partidillos las faltas personales de tiro el entrenador (quizás para no romper el ritmo del ejercicio) las manda sacar siempre de banda o fondo con lo que los jugadores no tiran tiros libres en situaciones similares a las del partido de competición.

Como algo parecido al *"hándicap"* del golf, y ya desde el inicio de temporada deberíamos como entrenadores asignar a cada jugador un *"hándicap"* o cifra objetivo (revisable periódicamente) sobre 25 tiros libres tirados, este ejercicio se deberá realizar 3 veces en cada entrenamiento, y anotando los resultados de la media del día, si no se llega al *"hándicap"* se establece una penalización física (flexiones, suicidios, carreras, abdominales, etc.) al final del entrenamiento en número proporcional a la diferencia entre los tiros libres convertidos y el n° de nuestro *"hándicap"*; esto creará una dinámica de competitividad interna entre el equipo, que redundará en un incremento del porcentaje de acierto de nuestros jugadores, y por ende en un mayor n° de victorias de nuestro equipo.

Debemos mentalizar al jugador que debe conseguir llegar a encestar al menos por encima del 80 %, en este ejercicio *"hándicap"* "20" (sobre 25). También fomentaremos esta competitividad interna estableciendo "rankings" y "records" de tiros libres convertidos con premios y estímulos para su superación constante.

En definitiva si queremos que nuestros jugadores entiendan la importancia del "tiro libre", nosotros como entrenadores con nuestros actos se la deberíamos mostrar claramente.

Un ejercicio interesante es intentar tirar tiros libres, sin modificar nuestra mecánica pero con los "ojos cerrados", puesto que al tirar con los ojos cerrados anulamos el sentido de la visión pero al mismo tiempo despertamos y potenciamos otros sentidos importantes como son el táctil y el del movimiento y equilibrio.

Para ello deberemos concentrarnos en la canasta y justo antes de lanzar cerraremos los ojos, será necesario que alguien (el entrenador, o un amigo o compañero) nos indique la trayectoria y el resultado final del tiro, al objeto de ir sintiendo las sensaciones e ir reajustando nuestro tiro. Recomiendo tirar series de 5 tiros en los que los dos primeros serán con los ojos abiertos, los dos segundos con los ojos cerrados y el 5º con los ojos abiertos; repetiremos esta serie 5 veces y anotaremos resultados.

7.3. EL TIRO EN SUSPENSIÓN

Será el mismo tipo de tiro (respecto de su técnica) que en situación estática el jugador debe realizar, pero utilizando un salto para elevarse del suelo y de las defensas.

La ejecución del tiro se realizará en el momento en que estemos en la parte más alta del salto ahí como si estuviésemos *"suspendidos en el aire"*, y justo antes de iniciar el descenso lanzaremos a canasta.

Este tipo de tiro tiene cuatro fases: saltar, quedarse, tirar y caer.

El salto debe ser lo más vertical y alto posible, pero sin desequilibrarse, para ello será fundamental la previa flexión de piernas y su colocación en el suelo.

En la parte más alta del salto, como si nos quedáramos suspendidos un momento en el aire lanzaremos a canasta con la mecánica correcta.

La caída debe ser en el sitio inicial desde el cual saltamos, cayendo con las piernas flexionadas realizando el correspondiente seguimiento del tiro, y preparados para la siguiente acción.

7.4. TIRO DESPUÉS DE BOTE

El balón se debe "botar" al lado del pie, avanzando en velocidad, cuando decidamos parar, debemos imprimir un poco más de fuerza al último bote con el fin de recoger el balón a la altura de la cintura o costado, y flexionando las rodillas para mantener el equilibrio se encara la canasta para lanzar.

El jugador no se debe estirar a por el balón, y así mismo no debe inclinar el cuerpo para ningún lado.

El jugador cogerá el balón con la mano de tiro por encima y la de apoyo al lado del balón (formando la "T" con los pulgares), rápidamente con un juego de muñeca hacia atrás subirá el balón hasta la "sien", estando la mano de tiro colocada correctamente por debajo del balón y en el centro del mismo.

A partir de esta posición realizaremos el tiro elevando las piernas y tronco en el movimiento de extensión ya descrito anteriormente en el apartado de "mecánica correcta".

Se debe practicar mucho esta técnica con poca y mucha velocidad, y variando las paradas en uno o dos tiempos, con paso lateral y hacia atrás y posterior lanzamiento a canasta, pues esta acción es típica de un "tirador" y la debe realizar a la perfección.

7.5. TIRO DESPUÉS DE PASE DESDE EL LADO DE LA MANO DE TIRO

Cuando el jugador recibe un pase desde el lado de la mano de tiro debe bloquear (parar) el balón con la mano de apoyo y colocar la mano de tiro detrás del balón en el centro del mismo (formando una "T" con los pulgares, como ya hemos descrito) y apuntando al aro.

A modo de esquema sería:

1. Situarse frente a la canasta, de modo que pueda ver al pasador y a la canasta.

2. Pies separados a la altura de los hombros.

3. Rodillas flexionadas antes de recibir el balón.

4. Hombros relajados.

5. Codos elevados y un poco abiertos.

6. Manos elevadas entre oreja y nariz.

7. La mano de tiro dirigida hacia la canasta y la mano de apoyo hacia el pasador.

El jugador debe ir a recoger el balón con un salto sin alterar la colocación de sus brazos y manos, para no ralentizar el tiro.

7.6. TIRO DESPUÉS DE PASE DESDE EL LADO CONTRARIO A LA MANO DE TIRO

Cuando el jugador recibe un pase desde el lado de la mano contraria a la de tiro debe bloquear (parar) el balón con la mano de tiro y colocar la otra mano en la parte baja del balón.

A modo de esquema sería:

1. Situarse frente a la canasta, de modo que pueda ver al pasador y a la canasta.

2. Pies separados a la altura de los hombros.

3. Rodillas flexionadas antes de recibir el balón.

4. Hombros relajados.

5. Codos elevados y un poco abiertos.

6. Manos elevadas entre oreja y nariz.

7. Mantener los brazos elevados. No salir al encuentro del balón.

8. La mano de tiro dirigida hacia el pasador y la mano de apoyo debajo del balón.

9. Reajustar las manos de forma correcta (hacer la "T", con los pulgares).

El jugador debe ir a recoger el balón con un salto sin alterar la colocación de sus brazos y manos, para no ralentizar el tiro.

7.7. TIRO DESPUÉS DE PASE INTERIOR-EXTERIOR

Después de recibir el balón frontalmente y desde el interior de la zona restringida, por un pase que nos devuelve un pívot, estando ya flexionados (de piernas) debemos saltar por el balón con las manos preparadas para el tiro, así que bloquearemos el balón con la mano de tiro colocándola detrás del mismo y la otra rápidamente al otro lado para sujetar y equilibrar el balón y desde ahí realizaremos el tiro con la rapidez necesaria para evitar la defensa.

Será fundamental realizar el tiro rápido dado que recibiremos enseguida la marca de la defensa, por ello es esencial que vayamos buscar el balón, no esperarlo y que estemos preparados previamente para el tiro, es decir tener colocados los pies y los brazos para realizar el tiro.

En caso de no poder hacer el tiro con fiabilidad podemos volver a pasar al jugador interior, u a otro compañero, y esperar otra rotación del balón, también podemos leer la posición del defensor y a través de una finta rápida y bote a un lado, u otro recurso lanzar a canasta libre de la marca defensiva.

8 | El tiro triple

Desde su incorporación al juego, este tiro por su valor de 3 puntos ha influido notablemente en el juego alejando a las defensas del aro dando mayor amplitud y espacio al juego interior, facilitando así la fluidez de las acciones atacantes (rotación exterior-interior-exterior), y ampliando por tanto la vistosidad del juego.

El hecho de que una canasta convertida más allá de la línea suponga 3 puntos equivale que para compensarla el otro equipo deba realizar al menos dos ataques convencionales, y esto es casi decisivo sobre todo en las prórrogas, que son de menos duración que los *"cuartos"* y donde un error casi no tiene tiempo de enmienda.

Este tipo de tiro y su plus de valoración ha dinamizado y revolucionado el juego de tal forma que podremos afirmar que el baloncesto moderno nace a partir de la línea de 3 puntos.

La distancia de la línea (distinta del baloncesto FIBA que la de otras reglamentaciones como la NBA o la NCAA), es suficientemente importante como para que cualquier jugador tenga su dificultad en realizarla, se necesita por tanto disponer una técnica de tiro que posibilite llegar al aro con óptimos resultados, para ello se necesita la coordinación de movimientos y un necesario adiestramiento.

Para lanzar de tres puntos hay que situarse más atrás de la línea, lo suficientemente holgado como para no tener que estar pendiente si se pisa o no la línea (ya que si se pisa se considerará de dos puntos), y mantener de esta forma toda la atención y concentración en la ejecución del tiro y en la canasta, utilizar la mecánica correcta con salto en suspensión lanzando el tiro al mismo tiempo que el salto (no en el punto más alto del salto, como ocurre en el tiro en suspensión de 2 puntos) aprovechando así la fuerza del salto para impulsar con las piernas el balón hasta llegar al aro.

El salto en este tipo de tiro, no requiere que sea demasiado alto en cualquier caso si coordinado con el impulso de piernas, la espalda y los hombros.

El equilibrio, un ritmo continuado y uniforme y un seguimiento exagerado y completo son aspectos fundamentales que incidirán en el éxito de este tipo de tiro.

9 | Otros lanzamientos:

9.1. LA PENETRACIÓN

Consiste este lanzamiento en el acercamiento lo más posible a canasta mediante un movimiento complejo que consta de diferentes fases:

1ª **_Fase:_** Empieza con la finalización del bote, que debe ser un último bote un poco más fuerte que el resto, para que el balón suba hasta el costado a la altura entre pecho y hombro, donde mantendremos el balón asido por las dos manos, abriendo los codos para así protegerlo mejor e iniciaremos los pasos, dos en la entrada normal.

2ª **_Fase:_** El primer paso será amplío, lo más posible, pues es un paso de aproximación a la canasta, será determinante para el éxito final de la entrada que este primer paso sea amplío y veloz, situando el pie del primer paso lejos de los pies del defensor.

El segundo paso será de preparación para la canasta, por tanto si ya estamos próximos al aro será mucho más corto que el primero, para que con la flexión de piernas podamos posteriormente saltar lo más alto posible, y cerca del aro.

3ª **_Fase:_** De finalización: Al mismo tiempo que damos los dos pasos subiremos el balón con la mano más alejada al defensor, y por lógica en el lado derecho la mano derecha, colocando la mano abierta al lado del balón llevando el balón con las dos manos, hasta que a la altura de la cabeza el brazo de apoyo más cercano al defensor dejara de estar en contacto con el balón, pero no se bajará sino que permanecerá arriba flexionando y abriendo el codo para proteger el balón de la interceptación del defensor.

Mientras tanto, cuando la mano de apoyo se separe, con la del balón elevaremos, lo más arriba posible el antebrazo y daremos con el golpe suave de la muñeca, manos y dedos para que el balón suavemente impacte a ser posible en el ángulo antero-superior del cuadrado interno del tablero justo encima del aro y de esta forma el balón descenderá suavemente dentro del aro.

Caeremos flexionados de piernas guardando el equilibrio y preparados para la siguiente acción.

Existen multitud y diferentes clases de entradas, aunque aquí enumeraremos 5 tipos (las más ortodoxas y frecuentes), las detallaremos como si se realizarán por el lado derecho de la canasta, observándola frontalmente, aunque estas mismas penetraciones pueden realizarse desde el lado izquierdo, en este caso por simetría invertiremos las piernas en las secuencias de los pasos. Estos tipos de penetraciones son las siguientes:

a) _**Entrada ordinaria (dos pasos), por delante, por el lado derecho del tablero y con mano derecha:**_ la descrita anteriormente en la que la secuencia de los pasos será el 1º con la pierna derecha y el 2º con la pierna izquierda.

Recepción del balón.

Primer paso.

Segundo paso.

Finalización.

Detalle de la finalización.

Detalle del seguimiento.

En el caso inverso de entrada por la izquierda, la secuencia de los pasos será el 1° con la pierna izquierda y el 2° con la derecha, dejando el balón con la mano izquierda sobre el tablero.

Recepción del balón.

Primer paso.

Segundo paso.

Finalización.

Detalle de la finalización.

b) **_Entrada a "aro pasado", inicio por el lado derecho del tablero y con la mano iz-
quierda:_** Esta entrada es apropiada para evitar a los defensores por el lado derecho,
buscando el centro de la zona restringida y dejando el balón después de pasar el aro,
aunque se puede dejar directamente sobre el aro, es más ortodoxo dejarlo encima
del cuadrado interior del tablero parte postrero-superior del mismo. En este caso la
secuencia de los pasos será: 1° con la pierna izquierda, el 2° con la pierna derecha.
Se finaliza con la mano izquierda y el brazo derecho flexionado sin bajarlo se utiliza
para protección. Se debe calcular la amplitud de los pasos para finalizar justo después del aro.

Por el lado izquierdo la secuencia será: primer paso con el pie derecho, el segundo
con el izquierdo para finalizar dejando el balón con la mano derecha sobre el tablero
según la secuencia de las fotografías al pie.

Primer paso.

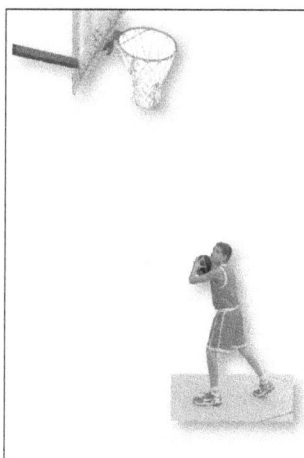
Segundo paso.

Finalización.

c) **_Entrada desde el lado derecho, por línea de fondo y "por detrás del aro" culminando con mano derecha:_** Este tipo de entrada sirve para ganar la línea de fondo
desde ese lado, nada más pasar el aro por detrás, y después de dar el 2° paso girar
el cuerpo en rotación hacia el aro para encararse y dejar el balón encima del tablero
encarado a él, nunca de espaldas. La secuencia de los pasos será 1° con la pierna
derecha, el 2° con la pierna izquierda y se dejará el balón con la mano derecha.

Prestar atención al detalle del 2° paso que debe ser un poco interior y corto para
favorecer la rotación y no separarnos en exceso de la vertical del aro.

Primer paso.

Segundo paso.

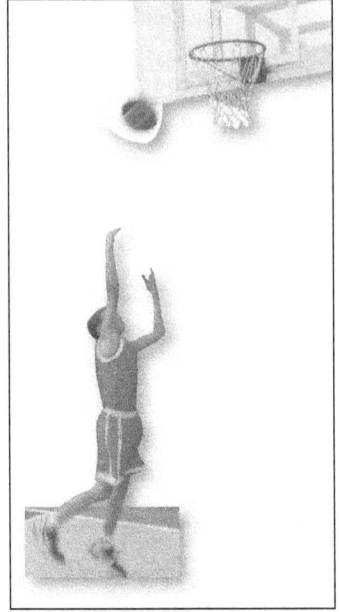

Finalización.

Primer paso.

Segundo paso.

Finalización.

d) _**Entrada desde el lado derecho, a aro pasado, próximo a línea de fondo y culminando con mano izquierda:**_ En este tipo de entrada se culmina sin rotar el cuerpo, y dejando el balón con la mano izquierda; la secuencia de los pasos será 1º con la pierna izquierda y el 2º con la pierna derecha. También puede realizarse con un solo paso, en este caso con la pierna derecha y dejando igualmente el balón sobre el tablero con la mano izquierda

e) _**Entrada por delante por el lado derecho con pérdida de paso (1 sólo paso):**_ Se dará un solo paso con la pierna izquierda, y se dejará el balón con la mano derecha. Se utiliza cuando se está más próximo a la canasta y un solo paso es suficiente, ganando por tanto rapidez en la acción.

Toda penetración a canasta debe hacerse a la máxima potencia, es decir con toda la velocidad posible y a ser posible acompañado de un cambio de ritmo, evitando el frenarse en el último momento, esto requiere una larga práctica para evitar que la potencia que llevamos en la penetración se traslade al momento de dejar el balón en el tablero encima del aro, y altere la suavidad con que debemos dejarlo.

9.2. LA BANDEJA

Será el lanzamiento que realizamos colocando la mano abierta debajo del balón y levantando el brazo, impulsamos el balón con los dedos dejando el balón directamente dentro del aro con un pequeño golpe de elevación, debemos mantener la mano de equilibrio en el balón hasta soltarlo.

Se utiliza cerca del aro tras un corte o una penetración.

Serán más eficaces si nos ayudamos con un salto y si dejamos la bandeja lo más cerca posible del aro, o apoyándonos en el tablero, para ello en el último salto elevaremos notablemente la rodilla de la mano de tiro para elevarnos lo más posible.

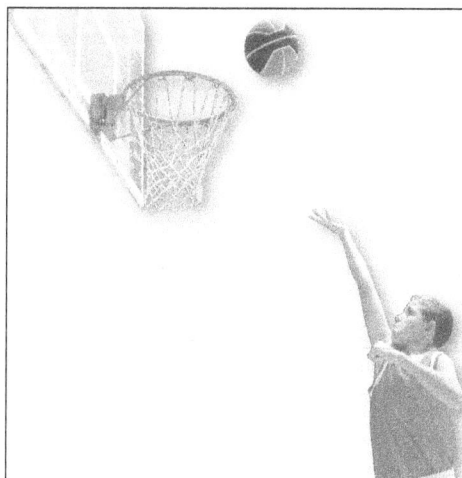

Detalle de la bandeja.

9.3. EL GANCHO

Es un tipo de tiro muy práctico para distancias cortas y por ser de difícil defensa, pero al mismo tiempo, por el ángulo de tiro es menos preciso que otros tiros.

Está un poco en desuso en el baloncesto moderno, aunque es más utilizado por los jugadores interiores, todos los jugadores deberían dominarlo.

Iniciamos el tiro de espaldas al aro, con el balón protegido en medio del pecho y abriendo los codos de ambas manos, adelantamos un pie el más cercano al aro, pivotando con un pequeño giro para situarnos en perpendicular al aro, subimos el balón para colocarlo lateralmente a nuestra cara en el lado contrario a la canasta y con las dos manos hasta la altura de la cabeza, y la que a partir de ahí en el movimiento de extensión final y lanzamiento, sólo lo sostendremos con la mano de tiro, y el brazo de apoyo semi-flexionado seguirá levantado para proteger el balón hasta el final del lanzamiento y asimismo mantener el equilibrio.

Lanzaremos con un golpe de muñeca y con la yema de los dedos, hacia arriba para que el balón rotando hacia atrás (igual que, en la *"mecánica correcta"*) describa una parábola similar al *"vuelo natural"* necesaria para que se introduzca limpiamente en el aro.

En el seguimiento del tiro, la mano de tiro quedara abierta y los dedos abiertos señalando al aro.

Gancho con la mano derecha.

Gancho con la mano izquierda.

Puede realizarse también después de dar dos pasos el primero con el pie más alejado al aro, el segundo paso más corto con el pie más cercano al aro y posteriormente lanzar.

También lo podemos realizar saltando hacia arriba en el último paso y lanzando el balón en el momento que estemos más arriba, en este caso se trata de "gancho en suspensión"; y lo utilizaremos para distancias más largas o sobrepasar a defensores con mucha altura.

Finalización del gancho.

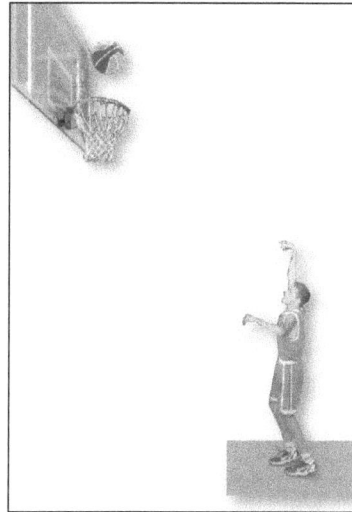

Seguimiento del gancho.

9.4. EL TIRO POR ELEVACIÓN (LAS BOMBAS)

Este tiro consiste en un hibrido entre una penetración a canasta finalizada con bastante distancia anticipada (de 2 a 5 ms.) al aro y el tiro en suspensión, ya que se lanza en la parte más alta del salto, el balón se impulsa con el brazo, antebrazo y la muñeca de una sola mano y en el momento final con los dedos los cuales producirán también la rotación hacia atrás del balón.

En el último paso se elevará lo más posible la rodilla de la mano de tiro. E igual que en las penetraciones se puede realizar en dos pasos o en uno sólo.

Este tiro se produce **_con más parábola_** que los otros tiros, lo que le hace ser muy eficaz para sortear las interferencias de los jugadores defensores altos, de ahí que el descenso del balón en un plano totalmente vertical sobre el aro haya supuesto que se le conozca popularmente con el nombre de tiros **_"bombas"_**.

El dominio de su ejecución requiere bastante práctica para llegar a conseguir una buena destreza en su realización.

Inicio del lanzamiento.

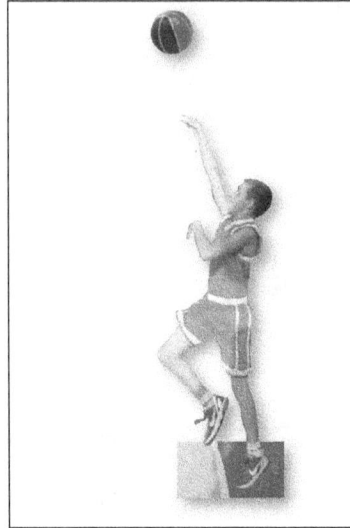

Ejecución del lanzamiento.

Finalización del lanzamiento.

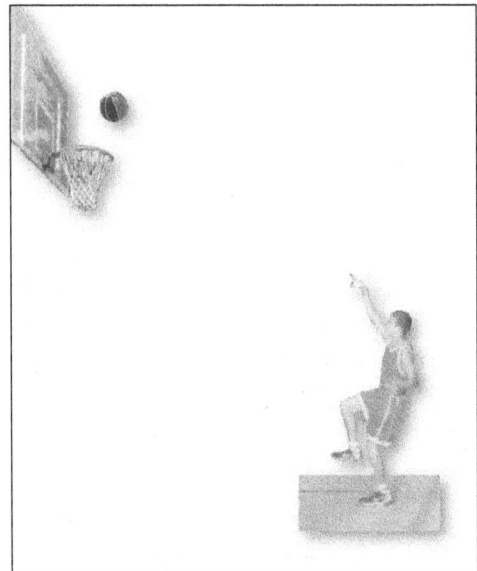

Seguimiento del lanzamiento.

10 | La auto-evaluación

En la enseñanza completa del tiro, hemos de culminar con las indicaciones precisas para que el *"jugador-tirador"* llegue a estar en condiciones de poder auto-evaluarse el mismo; por tanto deberá conocer hasta los más pequeños detalles de la mecánica correcta y en especial en aplicación a su propio estilo de tiro. Lo que resumidamente diríamos que el jugador entiende su tiro y su propia mecánica.

Así el jugador al analizar su tiro, puede detectar a tiempo y corregir errores antes de que se conviertan en malos hábitos.

La observación de la reacción del balón en el aro proporcionará información muy valiosa al jugador para analizarla y determinar, que es lo que ha hecho mal para que el balón no haya entrado y posteriormente corregirlo.

Si el balón ha salido desviado, o corto, o demasiado largo, por ejemplo al llegar al aro, nos desvelará la 1ª fuente de información para indagar sobre las razones de estos errores.

El sentido del tacto con el balón también será una buena fuente de información y proporcionará pistas al jugador en esa búsqueda de las razones del fallo, probablemente notará que algún dedo, el pulgar por ejemplo ha interferido en la trayectoria del balón. En este sentido practicar los tiros libres con los *"ojos cerrados"* (tal como vimos en el capítulo de Tiros Libres) nos desarrollará esa percepción táctil tan importante.

Teniendo en cuenta que el jugador es el primero que ve y siente en su interior cada tiro. Esta percepción privilegiada le hace sentir sus sensaciones y con los conocimientos técnicos que posee sabe perfectamente porque un tiro sale demasiado fuerte, poco bombeado, raso, desviado a un lado etc., podrá corregir inmediatamente su lanzamiento justo en el lanzamiento siguiente y adquirirá una auto-confianza muy importante que le llevará a un incremento notable de sus aciertos.

En este caso como entrenadores habremos culminado la enseñanza y el jugador habrá entrado en un estadio superior que le permite prescindir de las constantes correcciones del entrenador.

En consecuencia facilitaremos toda la información técnica a los jugadores implicándoles a fondo en su propio aprendizaje.

11 | Ejercicios de mejora de mecánica y rapidez en el tiro

a) *Lanzamiento sentado en una silla,*

Con una silla encarada al aro y colocada a 1mt. De distancia del mismo nos sentamos, de tal forma que la espalda contacte totalmente con el respaldo de la silla, colocaremos las piernas paralelas y realizaremos tiros a canasta con la mecánica correcta, sin despegar la espalda del respaldo, sin realizar giros con el hombro y sin mover las rodillas.

Es un buen ejercicio, para corregir la mala posición de las rodillas (en "X").

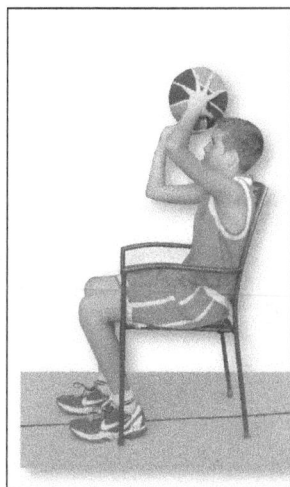

Progresivamente iremos alejando la silla y las moveremos en todas las posiciones de la pista (dentro de la zona restringida).

Otras opciones para el tiro desde la silla además podemos hacer las siguientes:

a) Con una sola mano y tirar sentado.

b) Con una mano, levantarse y tirar.

c) Cogiendo el balón con dos manos levantarse y tirar.

d) Cogiendo el balón con las dos manos, levantarse, saltar, caer y tirar.

b) _Lanzamiento sentado en el suelo_.

Al igual que el ejercicio anterior, nos sentaremos en el suelo y realizaremos tiros con la mecánica correcta, cuidando de no incorporarnos lo más mínimo y manteniendo los glúteos pegados al suelo. Igualmente nuestra espalda deberá estar recta no permitiendo giros de los hombros.

Progresivamente nos iremos alejando del aro y nos situaremos en todas las posiciones de la pista (dentro de la zona restringida).

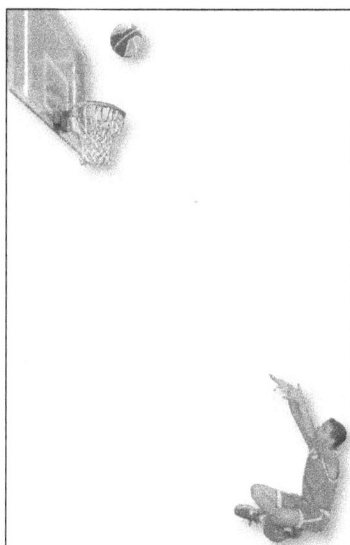

c) *Desde el Suelo, tendido supino (tumbado boca arriba)*.

Nos tumbaremos en el suelo boca arriba (tendido supino), o sobre una colchoneta o en la cama y realizaremos con la mecánica correcta tiros de tal manera que el balón debe volver a caer al lado de nuestra cara, justo desde donde lo hemos lanzado.

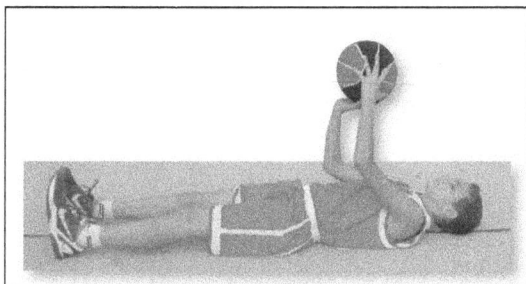

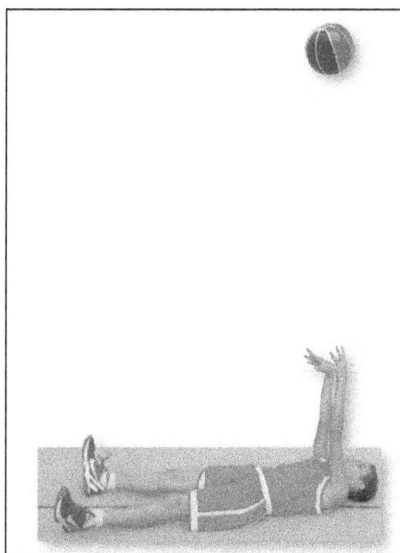

d) *Lanzar a la Pared.*

Se trata de fijar una señal en la pared a una altura aproximada a la altura del aro

(3,05 ms.), y colocándose a una distancia próximo de 1 ms. Realizaremos tiros continuos con la mecánica correcta, volviéndonos de nuevo el balón. Es importante acabar realizando bien las terminaciones de los tiros (el seguimiento).

Progresivamente nos iremos alejando de la pared.

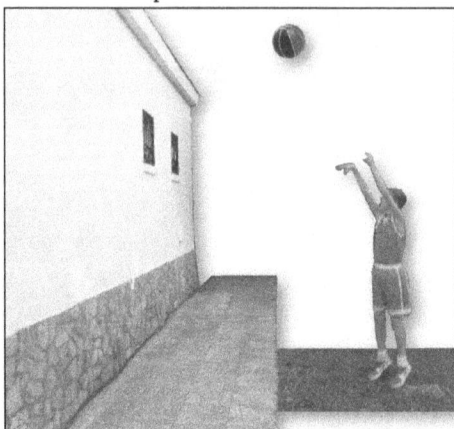

e) *Sin aro y de calentamiento.*

Con mecánica correcta realizaremos tiros hacia el techo con el objetivo de que el balón después de subir baje verticalmente y nos vuelva a caer en la mano.

Empezaremos con impulsos suaves y terminaremos con impulsos más fuertes (5-6 metros de altura), imprimiendo el golpe de los dedos, para que el balón rote hacia

atrás, lo más posible.

Es un ejercicio muy indicado para los *"tiradores"* como calentamiento antes de saltar a la pista a jugar.

f) *Por parejas con corrección*.

Colocaremos a los jugadores por parejas un jugador frente al otro a una distancia entre ellos de 3-4 metros, con un balón por pareja.

Cada jugador realizará toda la mecánica completa y lanzará un tiro como si el otro jugador representara la canasta; esto permitirá observar frontalmente la mecánica del tiro y analizándola corregir al compañero. A continuación se invertirán los papeles y lanzará el otro jugador.

Objetivo de este ejercicio es aprender a analizar la mecánica de los tiros y su corrección.

g) *Por parejas y juego de muñeca*.

Colocaremos a los jugadores por parejas, un jugador se colocará frente al otro, con un balón por pareja.

El jugador se colocará el balón apoyado en la mano de tiro y sujetándose con la otra mano la muñeca de tiro para evitar el movimiento del antebrazo y lanzará con un golpe de muñeca el balón al otro compañero. Este recogerá el balón y realizará la misma acción y así sucesivamente.

El golpe de muñeca será completo y el balón será impulsado por los dedos, como se describe en el apartado de "mecánica correcta".

h) *De flexión y parada*.

Lo jugadores inician una carrera suave en semicírculo desde una banda a la otra circundando la línea de tiro triple, a un pitido de silbato del entrenador y de forma súbita los jugadores realizan una parada con flexión de piernas y colocan las manos listas para recibir el balón, y los pies encarados al aro en la situación correcta para iniciar un tiro.

Este gesto de preparación al tiro, se realiza varias veces en los dos sentidos de la carrera.

Igualmente se puede pedir que los jugadores realicen la parada en un tiempo o en dos tiempos, pero la colocación de los pies debe ser rápida y correcta en perfecto equilibrio.

i) *Lanzamiento con 3 dedos*.

Se trata de lanzar a canasta en una posición próxima al aro (dentro del área restringida o "pintura"), no más de 4 ms.

En primer lugar nos situaremos a 1 ms. del aro y nos iremos alejando progresivamente.

Sostendremos el balón únicamente con una mano y en contacto exclusivamente sobre las yemas de los dedos pulgar, índice y corazón de la mano de tiro, a partir de colocar el brazo paralelo al suelo y el antebrazo en ángulo de 90 %, con el codo dentro y alineado con la pierna y el centro del aro, efectuaremos lanzamientos a canasta con el suficiente *"vuelo natural"*, para que el balón entre limpio en el aro.

El lanzamiento será en estático, es decir sin saltar, con los pies bien colocados y asentados.

Objetivo de este ejercicio es trabajar y desarrollar el impulso de los dedos y el contacto con las yemas, para conseguir una buena rotación del balón y un arco perfecto del movimiento del balón.

Hay que evitar que el dedo pulgar intervenga en el impulso, recordemos que sólo debe servir para sostener el balón en equilibrio.

Recordemos que el impulso final del tiro es con los dedos índice y corazón de la mano de tiro.

Realizar el ejercicio con las suficientes repeticiones en la mayor parte de lugares dentro de la zona restringida.

Apoyo del balón únicamente en tres dedos.

Lanzamiento, solo con apoyo en tres dedos.

j) *Lanzamiento a una mano*.

Con el mismo método que el ejercicio anterior, pero descansando el balón sobre la yema de todos los dedos de la mano, y de los colchones de la misma, nunca sobre la palma.

Se partirá de la distancia más próxima para irnos alejando progresivamente, en este caso podemos llegar a los 6 ms.

Realizar las repeticiones suficientes del ejercicio en todos los lugares de la pista en un radio de acción hasta los 6 ms.

Apoyo del balón sobre todos los dedos de una manho.

Lanzamiento con una sola mano.

Seguimiento del tiro con una sola mano.

k) *Tiro con defensa:*

Un *"tirador"* y un defensor reboteador.

El *"tirador"* lanza a canasta, el defensor molesta (en 1ª instancia ligeramente, después con más intensidad) su tiro, después el defensor bloquea al tirador, va al rebote pasa de nuevo al tirador, y empezamos de nuevo.

Debe hacerse desde todas las posiciones de la pista, con el fin de ir acostumbrando al *"tirador"* a tirar con una mano encima. (Para "molestar" el tiro no usar utensilios suplementarios, balón u otros elementos).

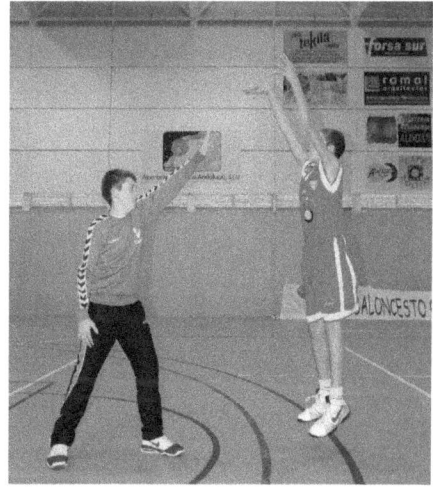

l) *Intensidad de tiro:*

Estableciendo un tiempo determinado (dependiendo de la condición física de cada jugador, 1, 2, 3 minutos.

Se trata de **lanzar de una manera correcta** (con mecánica completa: agarre, subida lanzamiento, y seguimiento), **el máximo número posible de tiros**. Cada tirador va a su propio rebote, sale de la zona restringida, suelta el balón al suelo, lo recoge, realiza los movimientos de su mecánica y lanza.

El ejercicio debe ser desarrollado a la máxima velocidad, pero sin alterar la buena mecánica de tiro; no por ir más deprisa permitamos coger malos gestos.

Después de cada serie de tiros, para recuperar el jugador realiza un descanso activo lanzando 10 tiros libres.

Otra variante del ejercicio es utilizar dos reboteadores-pasadores, que le pasarán continuamente el balón.

Hay que contar los lanzados y los convertidos.

Durante el desarrollo del ejercicio el entrenador debe estar corrigiendo constante-mente para evitar el desarrollo de malos hábitos gestuales, en especial el evitar que el jugador cuando reciba no baje el balón, sino que debe estar ya previamente flexio-nado y preparado para recibir y tirar subiendo el balón, no bajándolo.

12 | Técnicas para facilitar y conseguir el tiro

Con frecuencia en el ataque el equipo busca la forma de hacer llegar el balón a su mejor tirador, en las posiciones del campo con mejor porcentaje de aciertos y en las mejores condiciones, para ello el equipo trabaja para el tirador realizando diversas acciones como por ejemplo bloqueos de todo tipo y pantallas con objeto de facilitar el tiro.

Y aunque el tirador debe saber interpretar estas acciones y moverse rápido e inteligentemente para aprovechar y rentabilizar el trabajo de sus compañeros, no siempre es posible recibir el pase y tirar, sino que los defensores y en especial el asignado al tirador también juegan y conocedores del peligro potencial que supone el tirador, a su vez realizan diversas acciones defensivas tendentes a evitar ese tiro fácil o cómodo tales como cambios defensivos, anticipaciones, etc.

Por ello es muy importante que el tirador disponga de "recursos técnicos", para una vez tenga el balón en sus manos realizar acciones, que le permitan por un momento zafarse de la defensa y conseguir tirar libre de marca, es lo que llamamos *"trabajarse, o conseguirse el tiro"*.

Los grandes jugadores y sobre todo los *"tiradores"* que disponen de estos recursos, con el tiempo han desarrollado alguna de estas acciones que por la perfección y habilidad con que la realizan se han convertido en algunos casos en características propias de estos jugadores, bien por ser creación propia de ellos, bien por su perfección al realizarlas.

En este capítulo definiremos y detallaremos algunas de estas acciones para conseguir el tiro, asignándole en algunos casos y como pequeño homenaje a estos jugadores, sus propios nombres.

a) Tiro DRAZEN PETROVIC (bases y escoltas).

Denomino así a este tipo de tiro en homenaje al gran jugador croata el cual lo ejecutaba con gran rapidez y eficacia.

Se realiza desde la acción del bote al dar un bote (más fuerte que el resto) por medio de las piernas desde el lado izquierdo al derecho para que cuando suba el balón desde el suelo sea justamente a nuestra mano de tiro que ya está preparada y desde ahí lancemos el tiro de forma súbita. Al mismo tiempo realizamos un desplazamiento con salto (debe ser amplío pero no en exceso, para no perder el equilibrio necesario, para poder lanzar) que bien puede ser lateral (hacia el lado donde va el balón) o hacia atrás para zafarnos del defensor o para lanzar desde más allá de línea del tiro triple.

Aunque también se puede realizar en la dirección contraria derecha a izquierda (posición natural para los tiradores zurdos), en este caso en **"tiradores"** diestros se pierde algo de tiempo y seguridad al tener que volver el balón después del bote al lado derecho para poder lanzar.

La virtualidad final de este tipo de tiro es que después del bote nuestras manos estarán listas para realizar el tiro de forma instantánea.

Este tipo de tiro, como otros, requiere mucho entrenamiento y repetición para asimilar y mecanizar las distintas fases del movimiento.

b) Tiro HARDAWAY (bases y escoltas).

Este tiro típico de TIM HARDAWAY, consiste en la combinación de dos elementos por un lado un cambio de mano por medio de las piernas seguido de un cambio de mano por delante terminando con un desplazamiento lateral hacia ese lado, y ejecutando el tiro y todo esto ejecutado con una velocidad máxima.

Después del cambio por medio de las piernas podemos ayudar a zafarnos del defensor con una finta con la cabeza hacia el mismo lado que se dirigía el balón para cambiar el ritmo incrementando súbitamente la velocidad en el cambio por delante hacia el otro lado.

c) Técnica BODIROGA (bases, escoltas y aleros).

Se desarrolla a partir de venir botando el balón en carrera, se realiza una finta de cambio de dirección frenada con el pie adelantado contrario a la mano que lleva el balón y desplazamiento de la otra pierna en la otra dirección con un zancada muy amplia y subiendo súbitamente el ritmo, a continuación un paso más rápido y nos levantaremos en suspensión para lanzar a canasta.

Será fundamental que la finta de inicio, no se haga con los pies, sino que deberemos caernos con la cabeza y el tronco (tipo *"torre de pisa"*), para que la misma sea creíble para el defensor.

a) El jugador realiza finta de cambio de dirección y de ritmo hacia su derecha, cayéndose hacia ese lado para engañar mejor al defensor. Al mismo tiempo realiza un bote de retención con la mano derecha.	b) Rápidamente, cambia la dirección sacando el pie derecho con un paso muy amplio, realizando otro bote más adelantado con la mano derecha para alejarse más del defensor, a partir de ahí, parar y tirar.

d) Técnica SERGUEI BELOV (bases, escoltas y aleros).

SERGUEI BELOV, mítico jugador de TSSKA de Moscú y de la extinta URSS, realizaba con gran maestría un tiro muy característico que le permitía ejecutarlo con una velocidad asombrosa sorprendiendo a sus defensores.

Consistía en avanzar con el balón mediante botes de avance y de repente al mismo tiempo que realizaba una parada daba un bote fuerte y explosivo, con la mano de tiro; este bote debe ser bastante más fuerte para que el balón suba hasta la altura del hombro, en ese momento colocaba la mano de tiro debajo del balón y lanzaba desde esa posición, sorprendiendo al defensor que no podía taponar el tiro, dado que su reacción era tardía.

e) *Técnica JUAN CARLOS NAVARRO (bases y escoltas).*

Consiste en botar con la mano exterior (respecto del lado en que se esté situado) realizando una finta lateral hacia el lado contrario a la mano de bote (sea la izquierda o la derecha), posteriormente hacemos un salto grande hacia el lado de la mano de bote y caída en uno o dos tiempos para levantarnos y lanzar en suspensión.

Puede realizarse en cualquiera de los dos lados, pero si se realiza con bote de la mano contraria a la del tiro, contempla un poco más de dificultad pues debe cambiarse el balón de mano después del último bote para realizar el lanzamiento.

f) *Técnica KOBE BRYANT (bases y escoltas).*

Consiste en botar y realizar una finta de penetración hacia la canasta, para retroceder súbitamente mediante uno o dos botes (el último más fuerte que el resto) y recogiendo el balón lanzar a canasta.

También puede realizarse habiendo dado ya el primer paso de la penetración, cambiando bruscamente la acción y realizando el segundo paso de la entrada hacia atrás y/o hacia un lado para finalizar con un tiro.

En los dos casos será importante exagerar la terminación del tiro, con la cabeza, hombros y brazo de tiro, para contrarrestar la inercia hacia atrás de la cabeza y hombros como consecuencia del último bote de retroceso, y que el tiro sea lo más equilibrado posible.

g) *Técnica ISMAEL GARCIA-ROMEU Y DÍAZ DE LA ESPINA (escoltas y aleros).*

Le denomino así a este movimiento como reconocimiento a este estudioso de la técnica individual y antiguo jugador de la cantera del Real Madrid. El movimiento consta de las secuencias siguientes:

1ª. Recibiremos el balón en el alero, desde la derecha (por ejemplo) con una parada en dos tiempo con pivote de pie interior (izquierdo) y nos encararemos al aro; al mismo tiempo que realizamos la parada con el pivote colocaremos el balón listo para lanzar a canasta.

2ª. Realizaremos una finta de tiro y si la defensa nos tapa el tiro, inmediatamente adelantaremos rápida y ligeramente el pie derecho buscando la penetración a canasta y protegiendo el balón en la cadera. Si el defensor nos tapa la penetración desplazándose hacia atrás, volveremos a nuestra posición anterior amenazando nuevamente el tiro. Insistir en enseñar a realizar dos movimientos al mismo tiempo por un lado la subida del balón desde la cadera hasta la sien y por otro lado la retirada del pie derecho preparado y listo para realizar el tiro a canasta.

3ª. Si el defensor recupera y nos vuelve a tapar el tiro perdiendo el equilibrio y juntando los pies, nos desplazaremos con un gran salto con salida cruzada a la derecha y bote lateral previo a levantar el pie de pivote (el izquierdo), y después de la nueva caída-parada nos levantaremos para tirar, ya solos sin marcaje defensivo.

Este movimiento también se puede realizar recibiendo el balón desde el lado izquierdo, en este caso el orden del movimiento de los pies será el contrario al indicado. Y desde una posición frontal (por ejemplo desde el interior) utilizando cualquiera de los lados.

Deberemos resaltar la importancia de que el *jugador aprenda a leer los movimientos del defensor* a nuestras fintas tanto de tiro, como de penetración.

Insistir en hacer buenas y completas fintas, para que sean creíbles y zafarnos del defensor. Insistir en los cambios de ritmo entre las secuencias de los movimientos.

h) *Tiro MICHAEL JORDAN.*

De espadas al aro en el poste bajo o un poco más alejado, recibimos el balón, realizamos una finta de giro hacia un lado, giramos rápidamente hacia el otro mediante un pivote un frente, subiendo el balón simultáneamente al giro (nunca después), y en un salto ligeramente hacia atrás lanzamos en equilibrio, al aro.

i) Tiro FERRÁN MARTÍNEZ (Poste Alto).

Probablemente el pivot español mejor dotado técnicamente de la historia de nuestro baloncesto, antes de la era de los GASOL.

Consiste en pedir el balón en el poste alto y de espaldas a la canasta, para ello ofreceremos como "diana" del pase, la mano más alejada del defensor y un momento antes de que nos llegue el balón (en el momento justo, que el balón está en la trayectoria del pase desde la posición del pasador) adelantaremos y pondremos en el suelo un pie (cualquiera de ellos), inmediatamente después recibiremos el balón ayudándonos con la otra mano, y efectuaremos un pivote de reverso sobre el pie que adelantamos, encarándonos y cuadrándonos frente el aro con los dos pies completamente, es fundamental subir el balón a la posición de tiro al mismo tiempo que efectuamos el pivote o giro, nunca posteriormente a él, pues perderemos rapidez en el tiro.

j) Técnica IGOR RAKOCEVIC (escoltas y aleros).

Consiste en meter al mismo tiempo (esto es importante, pues si no fuera así cometeríamos pasos) el pie contrario a la mano de bote coincidiendo con el último bote y realizar un reverso, al finalizar el mismo y cuadrados frente al aro realizamos el lanzamiento. A esto popularmente se le denomina "tiro a la media vuelta", como acuñó nuestro entrañable y mítico comentarista Hector Quiroga".

Muy parecido a esta técnica la ejecuta KOBE BRYANT pero al finalizar el reverso echa exageradamente el cuerpo atrás para poder lanzar todavía más desmarcado. Se requiere una gran dominio del movimiento para hacerlo bien, y una gran destreza para efectuarlo, pues durante un tiempo (en el reverso) se pierde el contacto visual con la canasta".

k) Técnica JOE INGLES (bases, escoltas y aleros).

Se trata de lanzar después de realizar un cambio del balón por la espalda a la otra mano dando al mismo tiempo un salto hacia a tras o hacia el lado opuesto para mejor librarse de la defensa. Es preciso coordinar bien el bote del cambio con el salto para que sea una acción continua y suficientemente rápida, requiere como es lógico, mucha práctica para dominar esta técnica. Los zurdos ganan en velocidad de tiro, si el cambio lo realizan de mano derecha a izquierda, y los diestros de mano izquierda a derecha".

13 | Diversos ejercicios para el tiro en movimiento

A) "RULETA RUSA" (TIRO RÁPIDO).

Ejercicio que ejecuta un solo jugador durante 1 minuto de tiempo,

Posición inicial: empieza en el centro de la línea de tiros libres, con dos jugadores que con un balón cada uno le pasarán alternativamente, estos jugadores recogerán los rebotes de los tiros lanzados y pasarán nuevamente al tirador.

Desarrollo: en primer lugar el jugador se desplaza en línea recta y a la máxima velocidad hacia una banda (izquierda o derecha), toca con la mano la línea de banda y vuelve hacia el centro pidiendo el balón recibirá en ese lado no conviene que llegue hasta el mismo centro (en situación de 2 o 3 puntos, a su elección), realizará una parada (en 1 o 2 tiempos) y lanzará a canasta, seguirá hasta la banda contraria volverá a tocar con la mano, la línea de banda lateral volverá hacia el centro recibirá el balón del otro pasador-reboteador y volverá a lanzar y continuará hacia el otro lado, así durante un minuto.

Objetivo: Lanzar el mayor número de veces y conseguir el mayor número posible de canastas.

Valoración: Se obtendrá 1 punto por tiro lanzado dentro del minuto preceptivo, y 1 punto adicional si se convierte en canasta 2 puntos y 2 puntos adicionales si se convierte en canasta triple.

Si queremos evaluar a un jugador, este ejercicio nos puede servir como test para analizar tanto su condición física como la ejecución técnica del tiro y a modo comparativo unos resultados óptimos, deberían estar en los niveles siguientes:

Si se tiene en cuenta que se dispone de una buena preparación física, se debería obtener 15-20 puntos en alevines, 20-25 en infantiles, 25-30 puntos en cadetes, 30 o más en categoría junior y superior.

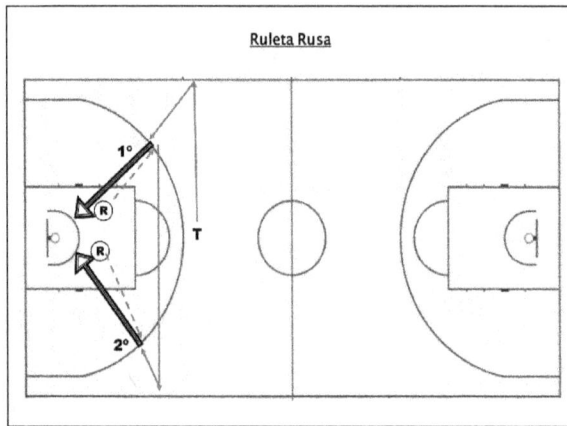

B) RUEDA DE TIRO "JHON WASGHINTON", CON 7 JUGADORES MÍNIMO.

Utilizaremos al menos a 7 jugadores, y 5 balones, según la disposición siguiente:
Gráficos:

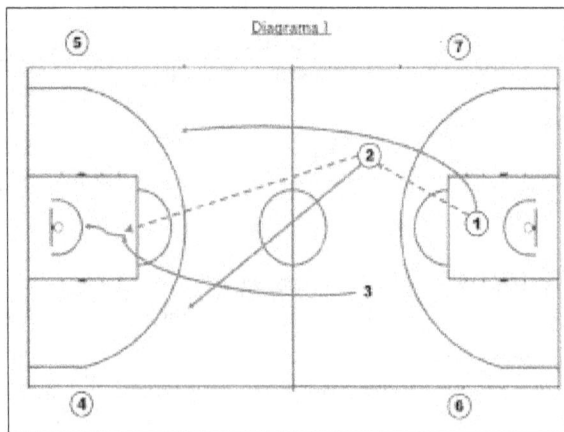

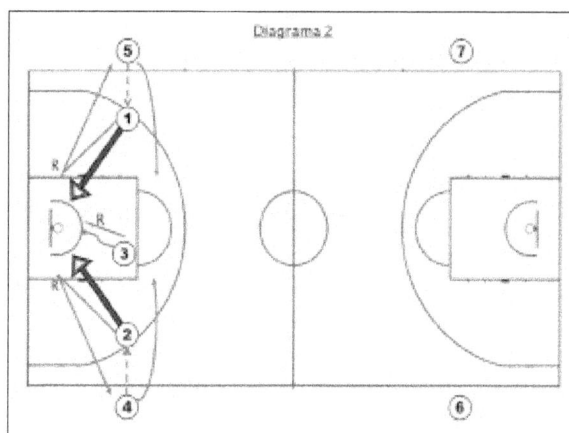

Diagrama 2

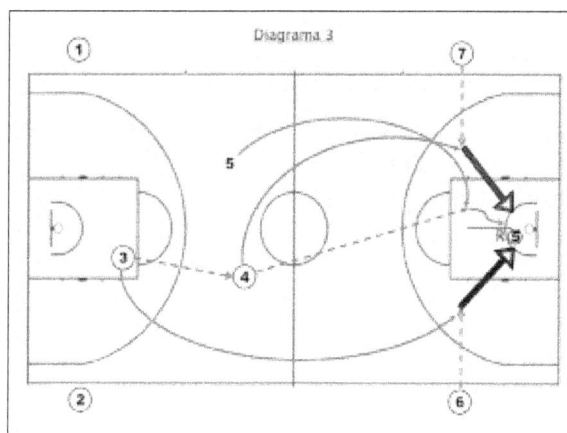

Diagrama 3

Posición inicial: Un jugador, en cada una de las cuatro esquinas de la cancha, en la banda lateral por fuera (cuatro jugadores) cada uno con un balón y tres jugadores desde el tiro libre, colocados uno (1) por el centro con balón y los otros dos (2 y 3), colocados a cada uno de los lados.

Desarrollo: los tres jugadores inician un contraataque (3 X 0), hacia la otra canasta, SIN BOTAR, el del centro (1) pasa a un lado (por ejemplo a 2) y corta por detrás de él.

El que recibe el balón (2) pasa al otro lado a (3) y corta por detrás de él, mientras que (3) realiza una entrada a canasta, al mismo tiempo 1 y 2 reciben en su lado correspondiente un pase de dos de los jugadores (4 y 5) que estaban en las bandas de esa canasta, paran en un tiempo y lanzan, pueden hacerlo desde la distancia de dos puntos o de la distancia del tiro triple a su elección.

El mismo jugador (3) que realizó la entrada a canasta recoge rápidamente su rebote y pasando a (4) ó (5), que fueron los que pasaron el balón para los tiros inician otro contraataque en la canasta contraria según las mismas indicaciones que en la anterior situación, es decir **SIN BOTAR, y con dos pases únicamente**; posteriormente de la misma manera que lo hicieron (4) y (5) se incorporaran al ejercicio (6) y (7).

Se puede hacer también realizando la parada en dos tiempos, antes de tirar, y/o realizando una finta de tiro, un pivote con salida abierta, cruzada, y un tiro posterior en suspensión.

Personalmente me gusta mucho trabajar este ejercicio, en sus diferentes formas de parar y fintar, bajo la presión de establecer un número-objetivo determinado de *"canastas triples"* convertidas (a estos solos efectos nos referimos con *"canastas triples"* a que se conviertan en canasta los tres balones lanzados en una misma *"oleada"*, por una parte, la penetración que debería ser obligatoria de todo punto –recordemos que no hay defensa- y los dos tiros), en un tiempo determinado (3,5,8, 10 minutos, etc., dependiendo del nº de jugadores que lo realice).

Se puede realizar el ejercicio con más jugadores de 7, repartiendo a los que excedan de ese número, en segunda o tercera fila de las cuatro esquinas, si bien hay que tener en cuenta, que cada vez que introducimos un jugador adicional a 7 estamos bajando la intensidad del trabajo de cada jugador, pues les tocará descansar más tiempo después de efectuar su correspondiente lanzamiento.

14 Instrumentos para mejorar el tiro

Para la mejora de la mecánica de tiro, actualmente existen en el mercado especializado algunos instrumentos o artilugios, que permiten corregir la posición de determinados partes del cuerpo, cada vez se innova más y es grato comprobar como van apareciendo algunos productos interesantes que pueden ser eficaces en la enseñanza y práctica del tiro. Particularmente veo interesantes aquellos que colocados en el brazo de tiro no permiten abrir en exceso el codo, o los que sobre todo no permiten realizar un ángulo menor de 90° entre la parte interior del antebrazo y brazo, es decir lo que denomino en otro apartado como la "V". o aquellos otros que posibilitan dejar el brazo de tiro extendido y la palma de la mano mirando al suelo al finalizar el tiro, facilitando así la fase de seguimiento del tiro.

No obstante en este capítulo me centraré en los cuatro instrumentos siguientes, que he testado personalmente y los recomiendo como importantes para mejorar el tiro.

14.1. "THE GUN". LA MÁQUINA DE TIRO

Cómo ya hemos visto, la técnica del tiro es algo complejo y llegar a dominarla aún lo es más, se necesita un grado de destreza bastante alto para llegar a su dominio, y en ese camino es fundamental, no sólo una buena técnica sino también es fundamental, tirar muchos tiros, lo que en el inicio del libro estimaba en un mínimo de 700 tiros semanales; esta cifra es orientativa claro, ello dependerá del talento y destreza de cada jugador, pero es obvio que en cualquier caso será necesario tirar muchos tiros y de forma habitual, para convertirse en un buen "tirador".

Esto no es fácil, ni frecuente hoy en día, sobre todo por la variedad de tareas, escasez de tiempo o, de disposición de las pistas que los jugadores en formación pueden acceder para tirar y tirar muchos tiros. Es en este sentido que la utilización, para el entrenamiento y perfeccionamiento del tiro, de la máquina de tiro "THE GUN" resulta muy útil, pues presenta los aspectos siguientes:

1º. Gracias a la red para recoger los rebotes, que se regula en altura, obliga a levantar el brazo de tiro, dándole en consecuencia a los tiros un arco mayor (la parábola necesaria) y aumentando con ello un 15% de acierto respecto a los tiros sin parábola.

2º. También se regula velocidad de pase y la fuerza y altura del mismo, adaptándose a diferentes niveles que sirvan para jugadores jóvenes y de élite. Esto proporciona la precisión de un *"buen pase"*, condición necesaria precedente para un buen tiro.

3º. La frecuencia y continuidad de los pases ayuda notablemente al jugador a conseguir un *"ritmo"* en el tiro, que como vimos anteriormente es muy importante para un *"tirador"*.

Quizás por la desconocimiento, novedad, o por su coste, lo cierto es que la disposición de esta máquina por los clubes no es frecuente; sin embargo y a luz de la experiencia, que su utilización nos ha brindado en el "SHOT CAMP" (*Campus Rafael Jofresa*) donde los alumnos han podido ejercitarla y beneficiarse de su utilización, y experimentar una notable mejoría en su tiro en tan sólo 11 días, es por lo que la recomiendo vivamente, para que las Federaciones o los clubes la adquieran para la tecnificación del tiro de sus jugadores de formación.

Estoy convencido, que si existiera una máquina de estas en la cantera de cada club, permitiría que por ejemplo, en una hora a través de diferentes ejercicios cada jugador del equipo tirase a canasta en diferentes posiciones 300 tiros, lo que mejoraría notablemente su técnica y su acierto en el tiro.

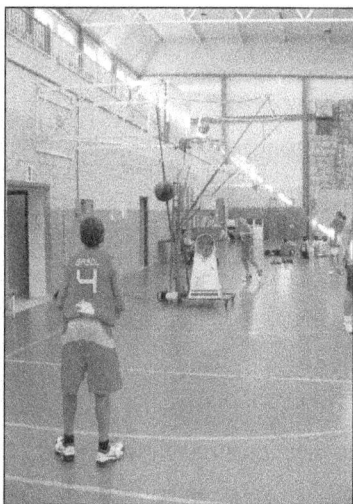

14.2. LA FICHA DE EVALUACIÓN

Es evidente que para medir el alcance del grado de perfeccionamiento del tiro, y en consecuencia las magnitudes de los aciertos y errores en la mecánica, necesitamos un instrumento que nos permita objetivar este análisis y su posterior corrección; para ello, si nos planteamos de forma seria tratar de mejorar la mecánica de tiro de un jugador debemos partir de una exploración u observación inicial de dicha mecánica y determinar objetivamente el grado y magnitud de su perfección, y aunque la tarea es compleja porque juegan otros factores importantes como es el % de acierto, estilo, y otros parámetros aún más difíciles de medir, como la fuerza mental del tirador.

Con este objetivo de objetivar al máximo posible el análisis de la evaluación inicial y posterior trabajo que nos conduzca a mejorar la mecánica de tiro de un jugador, es por lo que he diseñado la "FICHA DE EVALUACION INICIAL/FINAL SOBRE LA MECANICA DEL TIRO", que al final de este apartado reproduzco.

Se trata de observar las diferentes secuencias del tiro y asignarles una puntuación de 1 a 5 que otorgamos en función de la gravedad del error de mayor a menor magnitud, o si se quiere también asignándoles una valoración según la escala siguiente:

1: MUY MAL ejecutado.

2: Ejecutado DEFICIENTEMENTE.

3: Grado de ejecución: REGULAR

4: BIEN ejecutado

5: Grado de ejecución EXCELENTE

Esta ficha que hemos empezado a utilizar el verano de 2011 en el Campus está resultando ser una herramienta muy eficaz en manos de los entrenadores, no sólo para medir el grado de destreza en el tiro, sino lo que es más importante el grado de mejora en la enseñanza de la mecánica del tiro, lo que se permite a través de la comparación entre la evaluación Inicial y la final al terminar el periodo de enseñanza y supone una valiosa información al alumno, sobre que partes debe seguir insistiendo en su mejora.

Esta ficha además permite el análisis no sólo y estrictamente de la mecánica del tiro en estático o tiro libre, sino de otras situaciones del tiro como son los tiros en movimiento, tras paradas en uno o dos tiempos, tras pase o bote, en suspensión, etc., e incluso la parte importante que precede a muchos tiros que son las "fintas".

ASOCIACIÓN DE DEPORTISTAS
CONTRA LA DROGA®

PRESIDENTE DE HONOR
S.A.R. EL PRINCIPE DE ASTURIAS
Declarada de Utilidad Pública según O.M. 7/Nov./96

ASOCIACIÓN DE DEPORTISTAS
POR LA INFANCIA

SHOT CAMP – "RAFAEL JOFRESA" – VERANO 201 -

HOJA DE EVALUACIÓN Inicial/Final SOBRE LA MECANICA DE TIRO

Alumno:_____ Fecha de nto.:_____

Monitor:_____ Turno:_____ Fecha de realización:_____ Puesto:_____

CLASIFICACIÓN DE LOS ERRORES

TIROS EN ESTATICO (DESDE EL TIRO LIBRE)

POSICION DE LOS PIES

Cada ítem se valora con dos escalas (E. INICIAL y E. FINAL), columnas: M. MAL (1), DEF. (2), REGULAR (3), BIEN (4), EXC. (5).

1).-Pies muy juntos.

2).-Pies muy separados.

3).-Pies simétricos.

4).-Pies de pingüino.

5).-Pies no apuntan bien.

COLOCACION DE LAS PIERNAS

6).-Piernas poco flexionadas.

7).-Piernas paralelas.

8).-Rodillas.

POSICION DEL CUERPO

9).-Cuerpo echado hacia atrás.

10).-Cuerpo echado hacia un lado.

11).-Cuerpo echado hacia delante.

12).-Cabeza.

AGARRE DEL BALON

13).-No hace la "T", con los pulgares.

14).-Apoya el balón en la palma.

15).-Dedos muy juntos.

SUBIDA DEL BALON

16).- No coordina la bajada del cuerpo con la subida del balón.

Avda. Reino Unido nº 8 - Local 2 | 41012 Sevilla - TEL. 954 298 072 - 678 282 551 - FAX. 954 298 618 - www.adcd.org - www.addim.org - E-mail: adcd@adcd.org

17).- Abre el codo.

E. INICIAL	M. MAL	DEF.	REGULAR	BIEN	EXC.		E. FINAL	M. MAL	DEF.	REGULAR	BIEN	EXC.
	1	2	3	4	5			1	2	3	4	5

18).- Antebrazo no perpendicular al suelo.

E. INICIAL	M. MAL	DEF.	REGULAR	BIEN	EXC.		E. FINAL	M. MAL	DEF.	REGULAR	BIEN	EXC.
	1	2	3	4	5			1	2	3	4	5

19).- Sube el balón por el centro.

E. INICIAL	M. MAL	DEF.	REGULAR	BIEN	EXC.		E. FINAL	M. MAL	DEF.	REGULAR	BIEN	EXC.
	1	2	3	4	5			1	2	3	4	5

20).- Sube el balón muy separado del cuerpo.

E. INICIAL	M. MAL	DEF.	REGULAR	BIEN	EXC.		E. FINAL	M. MAL	DEF.	REGULAR	BIEN	EXC.
	1	2	3	4	5			1	2	3	4	5

21).- No hace la "U".

E. INICIAL	M. MAL	DEF.	REGULAR	BIEN	EXC.		E. FINAL	M. MAL	DEF.	REGULAR	BIEN	EXC.
	1	2	3	4	5			1	2	3	4	5

22).- Pocas arrugas.

E. INICIAL	M. MAL	DEF.	REGULAR	BIEN	EXC.		E. FINAL	M. MAL	DEF.	REGULAR	BIEN	EXC.
	1	2	3	4	5			1	2	3	4	5

23).- Coloca el balón detrás de la cabeza.

E. INICIAL	M. MAL	DEF.	REGULAR	BIEN	EXC.		E. FINAL	M. MAL	DEF.	REGULAR	BIEN	EXC.
	1	2	3	4	5			1	2	3	4	5

24).- No coloca el balón entre la oreja y nariz.

E. INICIAL	M. MAL	DEF.	REGULAR	BIEN	EXC.		E. FINAL	M. MAL	DEF.	REGULAR	BIEN	EXC.
	1	2	3	4	5			1	2	3	4	5

BRAZO DE APOYO

25).- Mala colocación de la mano de apoyo en el balón (poca "ventana").

E. INICIAL	M. MAL	DEF.	REGULAR	BIEN	EXC.		E. FINAL	M. MAL	DEF.	REGULAR	BIEN	EXC.
	1	2	3	4	5			1	2	3	4	5

LANZAMIENTO

26).-No habla.

E. INICIAL	M. MAL	DEF.	REGULAR	BIEN	EXC.		E. FINAL	M. MAL	DEF.	REGULAR	BIEN	EXC.
	1	2	3	4	5			1	2	3	4	5

27).- No sube 1º el brazo, antes que el antebrazo.

E. INICIAL	M. MAL	DEF.	REGULAR	BIEN	EXC.		E. FINAL	M. MAL	DEF.	REGULAR	BIEN	EXC.
	1	2	3	4	5			1	2	3	4	5

28).- Rompe el ángulo recto (de 90 º) del brazo con el antebrazo, antes de que el codo llegue a la altura de la ceja, extendiendo antes de tiempo el antebrazo (tiros rasos).

E. INICIAL	M. MAL	DEF.	REGULAR	BIEN	EXC.		E. FINAL	M. MAL	DEF.	REGULAR	BIEN	EXC.
	1	2	3	4	5			1	2	3	4	5

29).- No da un buen golpe de muñeca.

E. INICIAL	M. MAL	DEF.	REGULAR	BIEN	EXC.		E. FINAL	M. MAL	DEF.	REGULAR	BIEN	EXC.
	1	2	3	4	5			1	2	3	4	5

30).- No coordina la secuencia de los movimie[...]

E. INICIAL	M. MAL	DEF.	REGULAR	BIEN	EXC.		E. FINAL	M. MAL	DEF.	REGULA
	1	2	3	4	5			1	2	3

31).- No impulsa el balón con los dedos.

E. INICIAL	M. MAL	DEF.	REGULAR	BIEN	EXC.		E. FINAL	M. MAL	DEF.	REGULA
	1	2	3	4	5			1	2	3

32).- No termina con los dedos índice y corazó[...]

E. INICIAL	M. MAL	DEF.	REGULAR	BIEN	EXC.		E. FINAL	M. MAL	DEF.	REGULA
	1	2	3	4	5			1	2	3

33).- Interfiere con el pulgar la trayectoria del [...]

E. INICIAL	M. MAL	DEF.	REGULAR	BIEN	EXC.		E. FINAL	M. MAL	DEF.	REGULA
	1	2	3	4	5			1	2	3

34).- No termina la extensión del brazo.

E. INICIAL	M. MAL	DEF.	REGULAR	BIEN	EXC.		E. FINAL	M. MAL	DEF.	REGULA
	1	2	3	4	5			1	2	3

35).- Interfiere con la mano de apoyo o sus de[...] trayectoria del balón.

E. INICIAL	M. MAL	DEF.	REGULAR	BIEN	EXC.		E. FINAL	M. MAL	DEF.	REGULA
	1	2	3	4	5			1	2	3

36).- Mueve o gira la mano de apoyo durante [...]

E. INICIAL	M. MAL	DEF.	REGULAR	BIEN	EXC.		E. FINAL	M. MAL	DEF.	REGULA
	1	2	3	4	5			1	2	3

37).- Retira antes de tiempo el brazo de apoyo[...]

E. INICIAL	M. MAL	DEF.	REGULAR	BIEN	EXC.		E. FINAL	M. MAL	DEF.	REGULA
	1	2	3	4	5			1	2	3

38).- Retira tarde el brazo de apoyo (tiro a dos[...]

E. INICIAL	M. MAL	DEF.	REGULAR	BIEN	EXC.		E. FINAL	M. MAL	DEF.	REGULA
	1	2	3	4	5			1	2	3

39).- El movimiento del tiro no es continuo, se [...] en dos o más movimientos.

E. INICIAL	M. MAL	DEF.	REGULAR	BIEN	EXC.		E. FINAL	M. MAL	DEF.	REGULA
	1	2	3	4	5			1	2	3

SEGUIMIENTO DEL TIRO

40).- El jugador no mira la canasta, sino que si[...] visualmente la trayectoria del balón.

E. INICIAL	M. MAL	DEF.	REGULAR	BIEN	EXC.		E. FINAL	M. MAL	DEF.	REGULA
	1	2	3	4	5			1	2	3

41).- No deja totalmente extendido el brazo, la[...] los dedos hasta entrar el balón por el aro[...]

E. INICIAL	M. MAL	DEF.	REGULAR	BIEN	EXC.		E. FINAL	M. MAL	DEF.	REGULA
	1	2	3	4	5			1	2	3

42).- No termina con la mano de tiro abierta, m[...] suelo.

E. INICIAL	M. MAL	DEF.	REGULAR	BIEN	EXC.		E. FINAL	M. MAL	DEF.	REGULA
	1	2	3	4	5			1	2	3

Avda. Reino Unido nº 8 - Local 2 | 41012 Sevilla - TEL. 954 298 072 - 678 282 551 - FAX. 954 298 618 - www.adcd.org - www.addim.org - E-mail: a[...]

43).- Se mueve o desplaza del sitio antes de llegar el balón al aro.

E. INICIAL	M. MAL	DEF.	REGULAR	BIEN	EXC.		E. FINAL	M. MAL	DEF.	REGULAR	BIEN	EXC.
	1	2	3	4	5			1	2	3	4	5

44).- El balón no gira sobre su eje (movimiento de rotación), lo suficiente.

E. INICIAL	M. MAL	DEF.	REGULAR	BIEN	EXC.		E. FINAL	M. MAL	DEF.	REGULAR	BIEN	EXC.
	1	2	3	4	5			1	2	3	4	5

45).- El balón gira sobre su eje (movimiento de rotación) en exceso.

E. INICIAL	M. MAL	DEF.	REGULAR	BIEN	EXC.		E. FINAL	M. MAL	DEF.	REGULAR	BIEN	EXC.
	1	2	3	4	5			1	2	3	4	5

46).- El balón no realiza el arco suficiente en su movimiento hacia el aro.

E. INICIAL	M. MAL	DEF.	REGULAR	BIEN	EXC.		E. FINAL	M. MAL	DEF.	REGULAR	BIEN	EXC.
	1	2	3	4	5			1	2	3	4	5

47).- El balón va hacia el aro demasiado bombeado.

E. INICIAL	M. MAL	DEF.	REGULAR	BIEN	EXC.		E. FINAL	M. MAL	DEF.	REGULAR	BIEN	EXC.
	1	2	3	4	5			1	2	3	4	5

SUBTOTAL PUNTUACIÓN DE LA MECANICA

EN ESTATICO:

_____ (___ %) DE: 235   _____ (___ %) DE: 235

EV. INICIAL / EV. FINAL

235 ... 200 ... 150 ... 100 ... 50

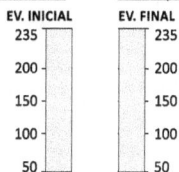

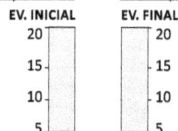

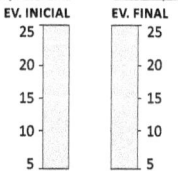

INDICE DE MEJORA: _____ (_____%)

PARA TIROS EN SUSPENSIÓN

48).- No coordina el movimiento de la bajada del cuerpo con la subida del balón.

E. INICIAL	M. MAL	DEF.	REGULAR	BIEN	EXC.		E. FINAL	M. MAL	DEF.	REGULAR	BIEN	EXC.
	1	2	3	4	5			1	2	3	4	5

49).- No salta con el cuerpo completamente recto.

E. INICIAL	M. MAL	DEF.	REGULAR	BIEN	EXC.		E. FINAL	M. MAL	DEF.	REGULAR	BIEN	EXC.
	1	2	3	4	5			1	2	3	4	5

50).- Lanza sin alcanzar la máxima altura en el salto.

E. INICIAL	M. MAL	DEF.	REGULAR	BIEN	EXC.		E. FINAL	M. MAL	DEF.	REGULAR	BIEN	EXC.
	1	2	3	4	5			1	2	3	4	5

51).- Cae en distinto lugar desde el que inició el salto.

E. INICIAL	M. MAL	DEF.	REGULAR	BIEN	EXC.		E. FINAL	M. MAL	DEF.	REGULAR	BIEN	EXC.
	1	2	3	4	5			1	2	3	4	5

SUBTOTAL PUNTUACIÓN DE LA MECANICA

EN TIROS EN SUSPENSIÓN:

_____ (___ %) DE: 20   _____ (___ %) DE: 20

EV. INICIAL / EV. FINAL

20 ... 15 ... 10 ... 5

INDICE DE MEJORA: _____ (_____%)

PARA TIROS TRIPLES

52).- Se desequilibra al tirar.

E. INICIAL	M. MAL	DEF.	REGULAR	BIEN	EXC.		E. FINAL	M. MAL	DEF.	REGULAR	BIEN	EXC.
	1	2	3	4	5			1	2	3	4	5

53).- No tira con todo el cuerpo.

E. INICIAL	M. MAL	DEF.	REGULAR	BIEN	EXC.		E. FINAL	M. MAL	DEF.	REGULAR	BIEN	EXC.
	1	2	3	4	5			1	2	3	4	5

54).- No coordina bien todos los movimientos del tiro.

E. INICIAL	M. MAL	DEF.	REGULAR	BIEN	EXC.		E. FINAL	M. MAL	DEF.	REGULAR	BIEN	EXC.
	1	2	3	4	5			1	2	3	4	5

55).- No lanza aprovechando el momento y la fuerza inicial del salto.

E. INICIAL	M. MAL	DEF.	REGULAR	BIEN	EXC.		E. FINAL	M. MAL	DEF.	REGULAR	BIEN	EXC.
	1	2	3	4	5			1	2	3	4	5

56).- Cae en distinto lugar desde el que inició el salto.

E. INICIAL	M. MAL	DEF.	REGULAR	BIEN	EXC.		E. FINAL	M. MAL	DEF.	REGULAR	BIEN	EXC.
	1	2	3	4	5			1	2	3	4	5

SUBTOTAL PUNTUACIÓN DE LA MECANICA

EN TIROS TRIPLES:

_____ (___ %) DE: 25   _____ (___ %) DE: 25

EV. INICIAL / EV. FINAL

25 ... 20 ... 15 ... 10 ... 5

INDICE DE MEJORA: _____ (_____%)

PARA TIROS EN MOVIMIENTO

PARADA EN UN TIEMPO O DE SALTO, RECIBIENDO UN PASE

57).- No tiene los brazos y manos preparados previamente para recibir el pase.

E. INICIAL	M. MAL	DEF.	REGULAR	BIEN	EXC.		E. FINAL	M. MAL	DEF.	REGULAR	BIEN	EXC.
	1	2	3	4	5			1	2	3	4	5

Avda. Reino Unido nº 8 - Local 2 | 41012 Sevilla - TEL. 954 298 072 - 678 282 551 - FAX. 954 298 618 - www.adcd.org - www.addim.org - E-mail: adcd@adcd.org

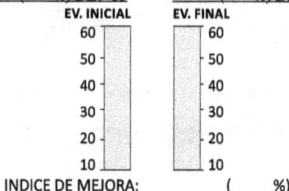

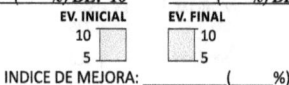

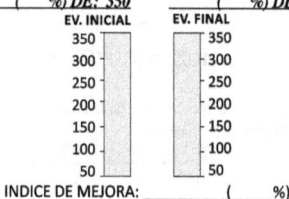

58).- No va a buscar el balón para recibirlo, sin modificar la buena posición de sus brazos y manos.

E. INICIAL	M. MAL	DEF.	REGULAR	BIEN	EXC.
	1	2	3	4	5

E. FINAL	M. MAL	DEF.	REGULAR	BIEN	EXC.
	1	2	3	4	5

59).- No realiza bien la terminación de la parada, en cuanto a la colocación de los pies.

E. INICIAL	M. MAL	DEF.	REGULAR	BIEN	EXC.
	1	2	3	4	5

E. FINAL	M. MAL	DEF.	REGULAR	BIEN	EXC.
	1	2	3	4	5

PARADA EN UN TIEMPO O DE SALTO, DESDE SU PROPIO BOTE

60).- No da más fuerza al último bote.

E. INICIAL	M. MAL	DEF.	REGULAR	BIEN	EXC.
	1	2	3	4	5

E. FINAL	M. MAL	DEF.	REGULAR	BIEN	EXC.
	1	2	3	4	5

61).- Tarda demasiado en armar el brazo para el tiro.

E. INICIAL	M. MAL	DEF.	REGULAR	BIEN	EXC.
	1	2	3	4	5

E. FINAL	M. MAL	DEF.	REGULAR	BIEN	EXC.
	1	2	3	4	5

62).- No realiza bien la terminación de la parada, en cuanto a la colocación de los pies.

E. INICIAL	M. MAL	DEF.	REGULAR	BIEN	EXC.
	1	2	3	4	5

E. FINAL	M. MAL	DEF.	REGULAR	BIEN	EXC.
	1	2	3	4	5

PARADA EN DOS TIEMPOS O DE PASO, RECIBIENDO UN PASE

63).- No tiene los brazos y manos preparados previamente para recibir el pase.

E. INICIAL	M. MAL	DEF.	REGULAR	BIEN	EXC.
	1	2	3	4	5

E. FINAL	M. MAL	DEF.	REGULAR	BIEN	EXC.
	1	2	3	4	5

64).- No va a buscar el balón para recibirlo, sin modificar la buena posición de sus brazos y manos.

E. INICIAL	M. MAL	DEF.	REGULAR	BIEN	EXC.
	1	2	3	4	5

E. FINAL	M. MAL	DEF.	REGULAR	BIEN	EXC.
	1	2	3	4	5

65).- No realiza bien la terminación de la parada, en cuanto a la colocación de los pies.

E. INICIAL	M. MAL	DEF.	REGULAR	BIEN	EXC.
	1	2	3	4	5

E. FINAL	M. MAL	DEF.	REGULAR	BIEN	EXC.
	1	2	3	4	5

PARADA EN DOS TIEMPOS O DE PASO, DESDE SU PROPIO BOTE

66).- No da más fuerza al último bote.

E. INICIAL	M. MAL	DEF.	REGULAR	BIEN	EXC.
	1	2	3	4	5

E. FINAL	M. MAL	DEF.	REGULAR	BIEN	EXC.
	1	2	3	4	5

67).- Tarda demasiado en armar el brazo para el tiro.

E. INICIAL	M. MAL	DEF.	REGULAR	BIEN	EXC.
	1	2	3	4	5

E. FINAL	M. MAL	DEF.	REGULAR	BIEN	EXC.
	1	2	3	4	5

68).- No realiza bien la terminación de la parada, en cuanto a la colocación de los pies.

E. INICIAL	M. MAL	DEF.	REGULAR	BIEN	EXC.
	1	2	3	4	5

E. FINAL	M. MAL	DEF.	REGULAR	BIEN	EXC.
	1	2	3	4	5

SUBTOTAL PUNTUACIÓN DE LA MECANICA EN TIROS EN MOVIMIENTO:

_____ (%) DE: 60   _____ (%) DE: 60

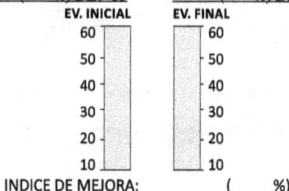

INDICE DE MEJORA: _____(_____%)

FINTA DE TIRO

69).- No la termina en toda su extensión.

E. INICIAL	M. MAL	DEF.	REGULAR	BIEN	EXC.
	1	2	3	4	5

E. FINAL	M. MAL	DEF.	REGULAR	BIEN	EXC.
	1	2	3	4	5

70).- La realiza muy lento.

E. INICIAL	M. MAL	DEF.	REGULAR	BIEN	EXC.
	1	2	3	4	5

E. FINAL	M. MAL	DEF.	REGULAR	BIEN	EXC.
	1	2	3	4	5

SUBTOTAL PUNTUACIÓN DE LA MECANICA EN FINTA DE TIRO:

_____ (%) DE: 10   _____ (%) DE: 10

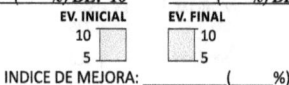

INDICE DE MEJORA: _____(_____%)

TOTAL PUNTUACIÓN DE LA MECANICA DE TIRO EN TODAS LAS FACETAS:

_____ (%) DE: 350   _____ (%) DE: 350

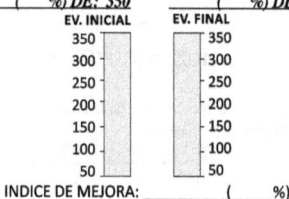

INDICE DE MEJORA: _____(_____%)

OBSERVACIONES: _____
_____
_____
_____

_____   _____
Monitor   Vº-Bº.
                          Nicolás Justicia del Moral
                          DIRECTOR DEL CAMPUS

Avda. Reino Unido nº 8 - Local 2 | 41012 Sevilla - TEL. 954 298 072 - 678 282 551 - FAX. 954 298 618 - www.adcd.org - www.addim.org - E-mail: adcd@adcd.org

14.3. LOS AROS CONCÉNTRICOS

Un medio para conseguir un tiro más centrado es utilizar aros suplementarios, de diámetro más reducido que el oficial (45 cms.) que nos obliga a centrar más el tiro si queremos encestar.

Yo, personalmente, utilizo en la enseñanza indistintamente tres tipos de aros de 42 cms, 40 y 38 cms que coloco dentro del original y lo sujeto a él mediante bridas.

Debe ser utilizado en primer lugar el aro más grande (42 cm) y cuando se consigue una buena práctica con él, se debe pasar a otro aro más pequeño, pero el cambio debe ser paulatino.

Lógicamente el porcentaje de error es más alto, pero con la práctica se consigue centrar aún más el tiro, y en consecuencia cuando se lanza sobre el aro original únicamente el incremento de acierto es bastante notable.

14.4. EL TEST DE AUTOEVALUACIÓN

Con el objetivo de crear una herramienta lo más objetiva posible y al mismo tiempo lo más simple también para que cada jugador sólo o con ayuda de un entrenador pueda comprobar el grado de su perfección y destreza en su mecánica de tiro, he diseñado el siguiente "auto-test", que comprende casi todos los detalles de la mecánica a partir de establecer diferentes formas o errores (porque no llamarlo así) en la ejecución del tiro.

Si quisiéramos abarcar absolutamente todos los detalles y facetas faltaría incluir otras cuestiones como por ejemplo la recepción del balón previo al tiro, la visualización del aro y el objetivo a apuntar, o el estado y forma mental del tirador, etc. Soy plenamente consciente de ello, sin embargo en unos casos estos parámetros sería muy difícil de medir objetivamente y por otra parte la harían excesivamente complicadas y por tanto inservibles para lo que se pretende que no es ni más ni menos que cualquiera pueda determinar en una escala simple su calidad como tirador. En cualquier caso si pienso que con lo que pretende el presente test puede ser un instrumento muy útil para cumplir el objetivo con el que lo he diseñado.

TEST DE AUTO-EVALUACIÓN SOBRE TU MECÁNICA DE TIRO

¡¡Realiza el test y comprueba lo buen tirador/a que eres!!
¡¡Conoce tu mecánica y conviértete en un tirador/a de clase "A"!!

Realiza el test escogiendo la opción que más se asemeja a tu forma de tirar. Es absurdo escoger una opción falsa, pues el engañado eres tú mismo. Al final de realizar el test encontrarás el resultado de la evaluación de tu mecánica de tiro. También puedes ayudarte de tu entrenador o un observador experto que te indique los detalles de tu tiro en relación al presente test. Marca una de entre las cinco opciones, que mejor refleje la acción de tu tiro.

¡¡Ánimo y Buena Suerte!!"

Fdo.-NICOLÁS JUSTICIA DEL MORAL (Entrenador Superior de Baloncesto – Instructor de tiro – Director del Campus RAFÁEL JOFRESA) Autor del libro: "BALONCESTO: EL TIRO. SUS CLAVES, SU TÉCNICA, SUS SECRETOS, SU ENTRENAMIENTO", Editorial: WANCEULEN.

MARCAR LA OPCIÓN MAS SIMILAR A LA QUE EJECUTE EL/LA JUGADOR/A

POSICIÓN DE LOS PIES

1. SEPARACIÓN DE LOS PIES.
A Pies separados aprox. 15 cms.
B La anchura de los propios hombros.
C Pies separados hasta 10 cms.
D Pies juntos contactándose.
E Pies separados 20 cms.

2. SITUACIÓN DE LOS PIES, UNO RESPECTO DEL OTRO.
A El pie de la mano de tiro está claramente retrasado respecto del otro pie.
B El correspondiente a la mano de tiro está muy poco adelantado respecto del otro como un cuarto (1/4) de pie.
C Los dos pies están colocados a la misma altura.
D El correspondiente a la mano de tiro está ligeramente más adelantado que el otro, exactamente medio (1/2) pie. La punta del atrasado coincide con el puente del adelantado.
E El pie de la mano de tiro está ligeramente retrasado respecto del otro pie.

3. ABERTURA DE LOS PIES.
A Los pies están separados y totalmente paralelos sin converger ni en los talones ni en las puntas.
B Los pies están muy próximos en los talones y separados en las puntas formando un ángulo inferior a 90°.
C Los pies están juntos en los talones y muy abiertos en las puntas formando un ángulo superior a 90°.
D Los pies convergen en los talones. Formando un ángulo no superior a 45°.
E Los pies convergen ligeramente hacia los talones formando un ángulo no superior a 20°.

4. DIRECCIÓN DE LOS PIES.
A Los pies apuntan directamente al aro.
B Los pies apuntan de forma desigual cada uno en dirección distinta.
C Los pies apuntan ligeramente al mismo lado de la mano de tiro.
D Los pies en dirección al centro del aro apuntan ligeramente al lado contrario de la mano de tiro.
E Los pies apuntan ligeramente hacia sí mismos de forma recíproca.

COLOCACIÓN DE LAS PIERNAS

5. FLEXIÓN DE LAS PIERNAS.
A Ligera flexión de las piernas
B Flexión de piernas hasta 90 ° o inferior del ángulo entre muslo y gemelos.
C Flexión hasta coincidir la línea vertical de la rodilla con la punta de los pies.
D Flexión moderada de las piernas
E Piernas rígidas.

6. RODILLAS
A Ligeramente separadas.
B Juntas, formando una "X" con las piernas.
C Separadas 20 cms.
D Separadas 15 cms.
E Rectas y totalmente perpendiculares a los pies.

POSICIÓN DE CUERPO

7. VERTICALIDAD DEL CUERPO.
A El cuerpo está muy inclinado hacia delante.
B El cuerpo está ligeramente inclinado hacia delante.
C El cuerpo está ligeramente inclinado hacia atrás.
D El cuerpo está absolutamente vertical y perpendicular con el plano del suelo.
E El cuerpo está muy inclinado hacia atrás.

8. SITUACIÓN DE LA CABEZA.
A La cabeza está hacia delante y ligeramente levantada.

B   La cabeza está hacia atrás y ligeramente levantada.

C   La cabeza está hacia delante y ligeramente bajada en dirección al suelo.

D   La cabeza está hacia atrás y ligeramente bajada.

E   La cabeza está recta y erguida.

AGARRE DEL BALÓN.

9.   COLOCACIÓN DE LOS PULGARES.

A   Formar una "T" con los dedos pulgares separados más de 3 cms.

B   Formar una "T" ligeramente separada con los pulgares.

C   Colocar los dedos pulgares paralelos.

D   Colocar una mano encima y otra debajo del balón.

E   Formar una "T" con los dedos pulgares tocándose entre ellos.

10.   APOYO DEL BALÓN EN LA MANO.

A   Apoya el balón en los dedos de la mano, y en la raíz de los mismos.

B   Apoya el balón en los colchones de la mano y los dedos.

C   Apoya el balón en la palma de la mano.

D   Apoya el balón en la base de la mano y parte de la palma.

E   Apoya el balón en la palma de la mano y en la base de los dedos.

11.   DEDOS JUNTOS O SEPARADOS.

A   Los dedos están lo más separados posible.

B   Los dedos están separados pero no totalmente.

C   Los dedos están ligeramente separados

D   Los dedos están unos juntos y otros ligeramente separados.

E   Los dedos están totalmente juntos.

SUBIDA DEL BALÓN

12.   COORDINACIÓN DE LA BAJADA DEL CUERPO CON LA SUBIDA DEL BALÓN.

A   Cuando el balón está arriba preparado para el lanzamiento el jugador está totalmente flexionado (línea perpendicular de la rodilla a la punta de los pies).

B   Tira totalmente rígido sin flexionar.

C   Primero sube el balón hasta arriba y después flexiona hasta alcanzar la línea perpendicular de rodilla hasta la punta de los pies.

D   Primero sube el balón hasta arriba y después flexiona ligeramente.

E   Primero flexiona hasta la vertical de la rodilla a la punta de los pies y después sube el balón para lanzar.

13.   ABERTURA DEL CODO RESPECTO DEL CUERPO.

A   El antebrazo se abre 20° respecto de la línea perpendicular al suelo.

B   El antebrazo se abre 80° o más respecto del plano del suelo.

C   Mantiene el codo dentro del cuerpo de forma que el antebrazo está totalmente perpendicular al plano del suelo.

D   El antebrazo se abre 60 ° respecto de la línea perpendicular al suelo.

E   El antebrazo se abre 40 ° respecto de la línea perpendicular al suelo.

14.   TRAYECTORIA DEL BALÓN EN LA SUBIDA.

A   Sube el balón por el lado contrario a la mano de tiro cruzando el brazo.

B   Sube el balón por el lateral de la mano de tiro, situando el balón en el exterior de la cabeza aunque encima del hombro.

C   Sube el balón por el centro cambiándolo en el último momento al lado de la mano de tiro.

D   Sube el balón por encima de la pierna hasta colocarse entre hombro y nariz.

E   Sube el balón por el centro durante todo el recorrido.

15.   FORMA DEL BRAZO DE TIRO EN EL MOMENTO DE INICIO DEL MISMO.

A   Hace una "V" muy junta entre el brazo y el antebrazo, y la muñeca no se dobla hacia atrás.

B   El antebrazo y el brazo forman un ángulo de 90°, pero se trata de una "U" abierta, pues la muñeca no se dobla hacia atrás totalmente y por tanto no forma un ángulo recto con la mano y el antebrazo.

C   El brazo y el antebrazo forman una "V" abierta, pero sin llegar a los 90°.

D   Hace una "U" perfecta con el brazo, antebrazo y mano, formando ángulos de 90°.

E   Hace una "V" muy junta entre el brazo y el antebrazo, y la muñeca se dobla ligeramente.

16.   COLOCACIÓN DEL BALÓN AL FINALIZAR LA SUBIDA RESPECTO DE LA CABEZA.

A   Coloca el balón entre oreja y hombro correspondiente a la mano de tiro.

B   Coloca el balón entre hombro y nariz.

C   Coloca el balón al lado opuesto de la mano de tiro.

D   Coloca el balón delante de su frente exactamente en el centro de su cabeza.

E   Coloca el balón detrás o encima de la cabeza.

LANZAMIENTO

17.   MOVIMIENTO DEL BRAZO EN EL LANZAMIENTO FINAL.

A   El antebrazo se extiende hacia delante dejando el brazo quieto y formando con él un ángulo inferior a 120 °.

B   Sin deformar la "U", sube recto y perpendicular primero el brazo hasta alcanzar el codo la altura de los ojos, a partir de ahí se extiende el antebrazo hacia delante junto con el brazo hacia arriba. El brazo de tiro termina totalmente extendido guardando una línea recta el antebrazo con el brazo.

C   Primero sube el brazo y después el antebrazo hasta formar un ángulo de 140°.

D   El movimiento del brazo y del antebrazo son simultáneos. El brazo termina en una extensión formando un ángulo de 120° con el antebrazo.

E   Sin deformar la "U", sube recto y perpendicular primero el brazo hasta alcanzar el codo la altura de los ojos, a partir de ahí se extiende el antebrazo hacia delante junto con el brazo hacia arriba. El brazo no se extiende totalmente formando así un ángulo de 160 ° con el antebrazo.

18.   GRADUACIÓN DEL GOLPE DE MUÑECA.

A   La mano se extiende 90 °. Dibujando un ángulo recto.

B   La mano se dobla desde la posición de "U" (con arrugas en la muñeca hasta que la palma queda totalmente paralela con el suelo, giro de la mano de 180°.

C   La mano se dobla 120°.

D   La mano no se dobla y permanece quieta.

E   La mano se extiende muy poco respecto de la posición inicial.

19.   FUNCIÓN DE LOS DEDOS EN EL IMPULSO Y FUERZA DEL TIRO.

A   Impulsar el balón con la palma de la mano exclusivamente.

B   Impulsar el balón con la yema de los dedos terminando con los dedos índice y corazón.

C   Impulsar el balón con los colchones de la mano y dedos.

D   Impulsar el balón con la palma y los dedos.

E   Impulsar el balón con la raíz de los dedos.

20.   FUNCIÓN DEL DEDO PULGAR DE LA MANO DE TIRO SOBRE LA TRAYECTORIA DEL BALÓN.

A   El dedo pulgar de la mano de tiro presiona fuertemente el balón para que éste no se caiga y deja de contactar con el balón en el momento del lanzamiento.

B   El dedo pulgar de la mano de tiro contacta con el balón sólo para mantener su equilibrio y dejar de contactar con él en el inicio del lanzamiento.

C   El dedo pulgar de la mano de tiro se cierra sobre la palma y ayuda a dirigir mejor el balón.

D   El dedo pulgar se debe mantener pegado al dedo índice de la mano de tiro.

E   El dedo pulgar está abierto y nada más lanzar se junta al dedo índice para dar más fuerza al lanzamiento del balón.

21.   FUNCIÓN DE LA MANO DE APOYO O SUS DEDOS SOBRE LA TRAYECTORIA DEL BALÓN.

A   La mano de apoyo se coloca en la parte lateral-superior y apenas toca el balón, lo hace sólo con las yemas de los dedos si presionarlo sólo para conseguir un mejor equilibrio del mismo.

B   Utiliza la mano de apoyo para dirigir mejor el tiro.

C   Coloca la mano de apoyo debajo del balón para conseguir un mejor equilibrio.

D   Coloca la mano de apoyo delante del balón y toca el mismo para contrarrestar la mayor fuerza de la mano de tiro.

E   Toca el balón con todos los dedos de la mano de apoyo en especial el pulgar, para ayudar a la mano de tiro a dirigir el balón.

22.   MOVIMIENTO DE LA MANO DE APOYO DURANTE EL TIRO.

A   La mano de apoyo gira hacia el exterior colocándose de frente.

B   La mano de apoyo se mueve ligeramente.

C   La mano de apoyo permanece totalmente quieta sin girarla ni moverla.

D   La mano de apoyo gira totalmente hacia el exterior.

E   La mano de apoyo gira hacia el interior.

23.   MOMENTO DE RETIRAR EL BRAZO DE APOYO.

A   Lo retira cuando el balón sale de la mano de tiro.

B   Lo retira cuando el balón está a la mitad del trayecto hacia el aro.

C   Lo retira justo antes de llegar el balón al aro.

D   Lo retira cuando el balón ha entrado por el aro.

E   Lo retira cuando el balón ha recorrido menos de 1 mts.

24.   EL MOVIMIENTO DEL TIRO CONTINUO O FRACCIONADO.

A   El tiro se realiza en dos partes uno el de subida del balón y otro el del lanzamiento final aunque estas partes se realizan de forma rápida.

B   El tiro se realiza en tres fases de forma pausada y diferenciada para asegurarnos de apuntar bien y realizar un buen tiro.

C   El tiro se realiza en tres fases la subida del balón el acomodarlo en la "U", y el lanzamiento final, todas estas partes de forma rápida.

D   El tiro se realiza en un solo movimiento continuo, sin ningún tipo de fraccionamiento.

E   El tiro se realiza en dos fases bien separadas una de la otra para dar tiempo a apuntar bien al aro.

SEGUIMIENTO DEL TIRO

25.   TERMINACIÓN DE LA MANO DE TIRO.

A   La mano de tiro se recoge de forma súbita nada más realizar el lanzamiento.

B   La mano de tiro termina cerrada, juntando el dedo pulgar con el resto.

C   La mano de tiro termina abierta, mirando al lateral exterior.

D   La mano de tiro termina abierta, la palma de la mano totalmente extendida, mirando al suelo y con los dedos extendidos y sueltos apuntando al aro.

E   La mano de tiro finaliza abierta, con la palma mirando al frente.

26.   GIRO DEL BALÓN SOBRE SU EJE HACIA ATRÁS (MOVIMIENTO DE ROTACIÓN).

A   Gira ligeramente aprox. 1 vuelta en una distancia de 5 mts.

B   Realiza un giro hacia atrás de 2 vueltas y media sobre su eje.

C   Gira mucho sobre su eje más de 5 vueltas, tanto que no permite distinguir bien el dibujo del balón.

D   Gira bastante como 4 vueltas sobre su eje.

E   El balón no gira se mantiene en la misma posición.

FUERZA MENTAL DEL TIRADOR

27.   CONCENTRACIÓN Y ASPECTO MENTAL DEL TIRO.

A   El jugador permanece concentrado y con la mirada en el objetivo (el aro), de forma discontinua, pues mira y sigue también la trayectoria del balón, piensa en las consecuencias del tiro.

B   El jugador permanece concentrado y con la mirada exclusivamente fija en el objetivo (el aro), sin seguir la trayectoria del balón y hablando internamente (sólo para él).

C   El jugador permanece concentrado y con la mirada exclusivamente fija en el objetivo (el aro), sin seguir la trayectoria del balón, piensa en las consecuencias del tiro).

D   El jugador sigue con la mirada la trayectoria del balón, no habla y tiene pensamientos indeterminados.

E) El jugador permanece concentrado y con la mirada exclusivamente fija en el objetivo (el aro), sin seguir la trayectoria del balón y pronunciando en voz alta sus palabras asertivas y de carácter positivo.

PARA TIROS EN SUSPENSIÓN

28. POSICIÓN DEL CUERPO EN EL SALTO.
A   Salta con el cuerpo muy inclinado hacia delante 60° de ángulo con el plano del suelo..
B   Salta con el cuerpo ligeramente inclinado hacia delante.
C   Salta con el cuerpo absolutamente vertical y perpendicular con el plano del suelo.
D   Salta con el cuerpo ligeramente inclinado hacia atrás.
E   Salta con el cuerpo muy inclinado hacia atrás.

29. MOMENTO DEL LANZAMIENTO RESPECTO DEL SALTO.
A   Lanza al inicio del salto.
B   Lanza ligeramente después de iniciar el descenso.
C   Lanza un poco antes de alcanzar la máxima altura en el salto.
D   Lanza sin saltar.
E   Lanza, al alcanzar la máxima altura en el salto, justo antes de empezar el descenso.

30. LUGAR DE CAÍDA RESPECTO DEL LUGAR EN EL QUE SE INICIÓ EL SALTO.
A   Cae 30 cms. delante del lugar desde el que saltó, o lateralmente desviado en 20 cms. desde el lugar de inicio del salto.
B   Cae hasta 10 cms. aprox. delante del lugar desde el que saltó.
C   Cae 20 cms. delante del lugar desde el que saltó. O bien cae lateralmente desviado en unos 10 cms. del lugar desde el que inició el salto.
D   Cae exactamente en el mismo lugar desde el que saltó.
E   Cae 40 cms. o más delante, o bien más de 20 cms. lateralmente al lugar desde el que saltó.

RESULTADOS Y ASIGNACIÓN DE PUNTOS POR RESPUESTA:

POSICIÓN DE LOS PIES

RESPUESTA 1ª.- SEPARACIÓN DE LOS PIES.
A 3 PUNTOS.
B 5 PUNTOS
C 2 PUNTOS
D 1 PUNTO
E 4 PUNTOS

RESPUESTA 2ª.- SITUACIÓN DE LOS PIES, UNO RESPECTO DEL OTRO.

A 1 PUNTO

B 4 PUNTOS

C 3 PUNTOS

D 5 PUNTOS

E 2 PUNTOS

RESPUESTA 3ª.- ABERTURA DE LOS PIES.

A 5 PUNTOS

B 2 PUNTOS

C 1 PUNTO

D 3 PUNTOS

E 4 PUNTOS

RESPUESTA 4ª.- DIRECCIÓN DE LOS PIES.

A 4 PUNTOS

B 1 PUNTO

C 3 PUNTOS

D 5 PUNTOS

E 2 PUNTOS

COLOCACIÓN DE LAS PIERNAS

RESPUESTA 5ª.- FLEXIÓN DE LAS PIERNAS.

A 2 PUNTOS

B 4 PUNTOS

C 5 PUNTOS

D 3 PUNTOS

E 1 PUNTO

RESPUESTA 6ª.- RODILLAS

A 2 PUNTOS

B 1 PUNTO

C 4 PUNTOS

D 3 PUNTOS

E 5 PUNTOS

POSICIÓN DE CUERPO

RESPUESTA 7ª.- VERTICALIDAD DEL CUERPO.
A 3 PUNTOS
B 4 PUNTOS
C 2 PUNTOS
D 5 PUNTOS
E 1 PUNTO

RESPUESTA 8ª.- SITUACIÓN DE LA CABEZA.
A 4 PUNTOS
B 2 PUNTOS
C 3 PUNTOS
D 1 PUNTO
E 5 PUNTOS

AGARRE DEL BALÓN

RESPUESTA 9ª.- COLOCACIÓN DE LOS PULGARES.
A 4 PUNTOS
B 5 PUNTOS
C 2 PUNTOS
D 1 PUNTO
E 3 PUNTOS

RESPUESTA 10ª.- APOYO DEL BALÓN EN LA MANO.
A 5 PUNTOS
B 4 PUNTOS
C 2 PUNTOS
D 1 PUNTO
E 3 PUNTOS

RESPUESTA 11ª.- DEDOS JUNTOS O SEPARADOS.
A 5 PUNTOS
B 4 PUNTOS
C 3 PUNTOS
D 2 PUNTOS
E 1 PUNTO

SUBIDA DEL BALÓN

RESPUESTA 12ª.- COORDINACION DE LA BAJADA DEL CUERPO CON LA SUBIDA DEL BALÓN.
A 5 PUNTOS
B 1 PUNTO
C 3 PUNTOS
D 2 PUNTOS
E 4 PUNTOS

RESPUESTA 13ª.- ABERTURA DEL CODO RESPECTO DEL CUERPO.
A 4 PUNTOS
B 1 PUNTO
C 5 PUNTOS
D 2 PUNTOS
E 3 PUNTOS

RESPUESTA 14ª.- TRAYECTORIA DEL BALÓN EN LA SUBIDA.
A 1 PUNTO
B 4 PUNTOS
C 3 PUNTOS
D 5 PUNTOS
E 2 PUNTOS

RESPUESTA 15ª.- FORMA DEL BRAZO DE TIRO EN EL MOMENTO DE INICIO DEL MISMO.
A 1 PUNTO
B 4 PUNTOS
C 3 PUNTOS
D 5 PUNTOS
E 2 PUNTOS

RESPUESTA 16ª.- COLOCACIÓN DEL BALÓN AL FINALIZAR LA SUBIDA RESPECTO DE LA CABEZA.
A 4 PUNTOS
B 5 PUNTOS
C 1 PUNTO
D 3 PUNTOS
E 2 PUNTOS

LANZAMIENTO

RESPUESTA 17ª.- MOVIMIENTO DEL BRAZO EN EL LANZAMIENTO FINAL.
A 1 PUNTO
B 5 PUNTOS
C 3 PUNTOS
D 2 PUNTOS
E 4 PUNTOS

RESPUESTA 18ª.- GRADUACIÓN DEL GOLPE DE MUÑECA.
A 3 PUNTOS
B 5 PUNTOS
C 4 PUNTOS
D 1 PUNTO
E 2 PUNTOS

RESPUESTA 19ª.- FUNCIÓN DE LOS DEDOS EN EL IMPULSO Y FUERZA DEL TIRO.
A 1 PUNTO
B 5 PUNTOS
C 3 PUNTOS
D 2 PUNTOS
E 4 PUNTOS

RESPUESTA 20ª.- FUNCIÓN DEL DEDO PULGAR DE LA MANO DE TIRO SOBRE LA TRAYECTORIA DEL BALÓN.
A 4 PUNTOS
B 5 PUNTOS
C 2 PUNTOS
D 3 PUNTOS
E 1 PUNTO

RESPUESTA 21ª.- FUNCIÓN DE LA MANO DE APOYO O SUS DEDOS SOBRE LA TRAYECTORIA DEL BALÓN.
A 5 PUNTOS
B 1 PUNTO
C 3 PUNTOS
D 2 PUNTOS
E 4 PUNTOS

RESPUESTA 22ª.- MOVIMIENTO DE LA MANO DE APOYO DURANTE EL TIRO.
A 3 PUNTOS
B 4 PUNTOS
C 5 PUNTOS
D 2 PUNTOS
E 1 PUNTO

RESPUESTA 23ª.- MOMENTO DE RETIRAR EL BRAZO DE APOYO.
A 1 PUNTO
B 3 PUNTOS
C 4 PUNTOS
D 5 PUNTOS
E 2 PUNTOS

RESPUESTA 24ª.- EL MOVIMIENTO DEL TIRO CONTINUO O FRACCIONADO.
A 4 PUNTOS
B 1 PUNTO
C 3 PUNTOS
D 5 PUNTOS
E 2 PUNTOS

SEGUIMIENTO DEL TIRO

RESPUESTA 25ª.- TERMINACIÓN DE LA MANO DE TIRO.
A 1 PUNTO
B 4 PUNTOS
C 3 PUNTOS
D 5 PUNTOS
E 2 PUNTOS

RESPUESTA 26ª.- GIRO DEL BALÓN SOBRE SU EJE HACIA ATRÁS (MOVIMIENTO DE ROTACIÓN).
A 4 PUNTOS
B 5 PUNTOS
C 2 PUNTOS
D 3 PUNTOS
E 1 PUNTO

FUERZA MENTAL DEL TIRADOR

RESPUESTA 27ª.- CONCENTRACIÓN Y ASPECTO MENTAL DEL TIRO.
A 2 PUNTOS
B 4 PUNTOS
C 3 PUNTOS
D 1 PUNTO
E 5 PUNTOS

PARA TIROS EN SUSPENSIÓN

RESPUESTA 28ª.- -POSICIÓN DEL CUERPO EN EL SALTO.
A 3 PUNTOS
B 4 PUNTOS
C 5 PUNTOS
D 2 PUNTOS
E 1 PUNTO

RESPUESTA 29ª.-MOMENTO DEL LANZAMIENTO RESPECTO DEL SALTO.
A 2 PUNTOS
B 4 PUNTOS
C 3 PUNTOS
D 1 PUNTO
E 5 PUNTOS

RESPUESTA 30ª.- LUGAR DE CAÍDA RESPECTO DEL LUGAR EN EL QUE SE INICIÓ EL SALTO
A 2 PUNTOS
B 4 PUNTOS
C 3 PUNTOS
D 5 PUNTOS
E 1 PUNTO

ESCALA DE VALORACIÓN POR RESULTADOS:

A) DE 130 A 150 PUNTOS EXCELENTE MECÁNICA DE TIRO, ENHORABUENA eres un tirador de clase "A". Sigue tirando para no perder los óptimos resultados. ACUDE A NUESTRO CAMPUS.

B) DE 100 A 129 PUNTOS: BUENA MECÁNICA DE TIRO. Todavía puedes y debes de mejorar tu mecánica eso y la repetición constante de tiros te convertirá en un excelente tirador de futuro, aunque debes corregir los errores. ACUDE A NUESTRO CAMPUS.

C) DE 80 A 99 PUNTOS: REGULAR MECÁNICA DE TIRO. Toma nota de tus errores y debes trabajar bastante para mejorar los detalles de tu mecánica de tiro. ACUDE A NUESTRO CAMPUS.

D) DE 60 A 79 PUNTOS : DEFICIENTE MECÁNICA DE TIRO. Debes esforzarte y fijarte en cada uno de los detalles, pero no desesperes y trázate objetivos parciales. ACUDE A NUESTRO CAMPUS.

E) DE 30 A 59 PUNTOS: MUY MALA MECÁNICA DE TIRO. Aunque la nota es realmente mala, recuerda que el tirador, no nace sino que se hace, así es que prepárate para trabajar muy duro y PRESTA MUCHA ATENCIÓN a los detalles, piensa cada tiro antes de realizarlo. ÁNIMO Y ACUDE A NUESTRO CAMPUS.

15 | Conclusiones finales

1ª. El *"tirador"* no nace, sino que *"se hace"*. Sin embargo el talento natural, siempre viene muy bien.

2ª. Hay que enseñar la técnica de tiro a edad temprana, al mismo tiempo que el resto de los fundamentos, si bien con una mecánica adaptada a su edad, pero el ritmo, el seguimiento del tiro, la simetría y el equilibrio son conceptos que hay que aprender desde el principio.

3ª. El tiro empieza con los pies, lo transmite las piernas, lo marca el equilibrio de nuestro tronco y lo ejecuta el brazo, las manos y los dedos, es por tanto una tarea completa de todo nuestro cuerpo en una movimiento fluido y armónico.

4ª. Hay que corregir constantemente, no dejando que se formen y se asienten los vicios gestuales, ya que con posterioridad, es mucho más difícil erradicarlos.

5ª. Debemos utilizar referencias tanto internas (nuestro cuerpo) como externas, en el tiro a canasta; en este último sentido sugiero que se marque en el suelo, para los entrenamientos, una línea perpendicular desde el centro de la línea de tiros libres al centro del aro.

6ª. Hay que entrenar y ejercitar el tiro, en las condiciones más semejantes a un partido de competición, cansancio, presión, lugar, etc.

7ª. El buen tiro empieza con una **buena recepción** del balón tras un **buen pase** de un compañero.

8ª. En el baloncesto moderno no sólo basta con tirar bien (con una buena mecánica), sino que hay que hacerlo además rápido o mejor dicho *muy rápido*, para ello es muy importante estar colocados y preparados para el tiro (con las rodillas flexionadas, y buena colocación de piernas, pies, brazos y manos), *antes de recibir el balón y saltar a por el balón,* manteniendo nuestras manos en todo momento en la posición de: *"preparadas para el tiro"*, sin ir a buscar el balón con los brazos y manos estiradas, sino con el salto para acercarnos al balón, y recogerlo sin deformar la buena colocación de brazos y manos.

9ª. Cuando se recibe un pase, el balón nunca debe bajarse desde el lugar en que se recibe, de ahí para arriba y lanzar; si bajamos el balón para posteriormente subirlo además de una pérdida de tiempo muy importante, posibilitaremos el error en el lanzamiento.

10ª. El *"tirador"*, no solamente debe ser peligroso por su tiro, sino que como consecuencia de ello también debe crear peligro con sus pases a los jugadores interiores, cuando sufre las ayudas defensivas, y en especial en los cambios defensivos.

11ª. El tiro además de proporcionarlo los compañeros con sus pases, también debe *facilitarlo y crearlo* el propio *"tirador"*, para lo cual debe entrenar y trabajar mucho estas técnicas.

12ª. Por efecto de transferencia, es muy importante trabajar el "that" tacto del balón, con múltiples y diversos ejercicios de bote y control de balón, de esta forma también estamos trabajando el tiro.

13ª. Hay que fomentar que los jugadores no se inhiban a tirar, y que lo hagan sin freno y con descaro. Para ello aconsejo que en los entrenamientos se disputen partidos en los que sólo valga el tiro, no las bandejas, o entradas.

14ª. El *"tirador"* debe tener una *muy buena condición física*, por tanto no debe descuidarla y mantenerla alta constantemente.

15ª. Es fundamental entrenar y trabajar el aspecto mental del tiro, y procurar desarrollar el máximo las *"cualidades mentales"* del jugador.

16ª. Sería recomendable que a cada jugador de un equipo se le asignase una cifra objetivo en los tiros libres (sobre 25 lanzados), a modo del *"hándicap"* en el golf, y en cada entrenamiento se le dedicase un tiempo a practicarlo, por lo menos el 25 %

(misma proporción que suponen los tiros libres sobre el tanteo final), y en consecuencia como objetivo, el superar dicho *"hándicap"*.

17ª. Para condicionar que se entrene y trabaje más el tiro en las etapas de formación, concretamente propongo que se establezca la penalización dos 2 tiros libres, desde la 1ª falta personal, no concediendo por tanto ese *"periodo de impunidad"*, que existe actualmente en el que se comete falta para parar el avance del balón a sabiendas que se sacará de banda y no tendrá trascendencia para el marcador; además esto produciría varios efectos unos de ellos es que se aprenderá a defender mejor (es decir con piernas y sin manotazos, sin faltas).

18ª. En el *"equilibrio"* está la clave del buen tiro.

19ª. En los pequeños detalles está el auténtico secreto del tiro, pequeños detalles bien ejecutados, suponen grandes porcentajes de aciertos.

20ª. La repetición y el trabajo son las verdaderas herramientas que harán progresar a los jugadores en su objetivo de convertirse en *"tiradores"*. Nada se consigue sin esfuerzo. Los grandes "tiradores hacen sesiones extras por si mismos para mantener y mejorar la eficacia de su tiro. La misión del entrenador es estimularles haciéndoles ver precisamente esto, y que el trabajo y la dedicación darán sus frutos.

21ª. Revisar la *"prohibición total"* de la defensa en zona, en determinadas categorías de formación con el fin de posibilitar que los jugadores en formación lancen más a canasta desde media distancia.

22ª. En categoría benjamín y alevín (mini), propongo que se penalice con la regla de los 3 segundos el *"recibir el balón dentro del área restringida con los pies completamente parados en el suelo"*. Esto favorecerá la movilidad, creatividad y el tiro exterior e impedirá que los equipos con jugadores más altos "abusen" de los otros equipos, *"clavando"* a su *"gigante"* en la zona para pasarle y anotar con facilidad.

23ª. Incorporar en los cursos de formación para obtener el título de Monitor y de Entrenador de 2° Nivel, una parte monográfica, específica y práctica sobre el "tiro", método y enseñanza.

24ª. Recomiendo a los clubes y más en concreto a sus directores técnicos que estudien la conveniencia de incorporar para el aprendizaje y perfeccionamiento del tiro de los jugadores de su cantera, la máquina de tiro "THE GUN"; por su extraordinaria incidencia positiva en la mejora del tiro.

Anexos

Anexo I. **Estudio estadístico sobre el CASEBA 2012. (Campeonato Nacional de Selecciones Autonómicas en categorías Infantil y Cadete)**

Anexo II. **Plan Integral para la Mejora del Tiro.**

ANEXO I

ANÁLISIS DE LOS DATOS ESTADÍSTICOS SOBRE EL ACIERTO EN EL TIRO

en el CASEBA 2012 (Campeonato Nacional de Selecciones Autonómicas de BALONCESTO Categorías Infantil y Cadete masculina y femenina).

Celebrado en VALLADOLID desde el 3 al 7 de Enero de 2012

Nicolás Justicia del Moral (Entrenador Superior de Baloncesto-Instructor de tiro) 16 de Enero de 2012. Datos y Gráficos: Elaboración propia.

JUSTIFICACIÓN DEL ESTUDIO:

Muchas veces hablamos de tal o cual tema en general y en abstracto con más o menos aproximación, sin basarnos en datos concreto y exactos; pues bien para cuantificar realmente hasta donde llega el acierto en el tiro en España, se hace necesario tener cifras concretas, la estadística hace tiempo que se descubrió para su importante aplicación también al baloncesto y en este sentido que debe ser utilizada para darnos respuestas a diversas preguntas, la primera y más importante es ¿Cómo esta de acierto el tiro en el baloncesto de cantera actualmente en nuestro país?, y ¿Cuál serían las cifras deseables de acierto?.

Si queremos trazarnos cualquier plan de mejora de una faceta u otra, lo previo es establecer como estamos y en este caso concreto conocer con fiabilidad el punto de acierto de nuestro baloncesto, y esto hacerlo de manera concreta y objetiva.

En este caso se ha decidido analizar estadísticamente los datos de acierto en el tiro en el CASEBA 2012, por varias razones entre ellas que la muestra a analizar es bastante amplia y representativa, dado que participan todas las selecciones autonómicas (a nivel geográfico es lo más completo), y por otra parte en el campeonato participan los mejores jugadores/as de las categorías infantil (años 1999-1998) y cadete (años 1997 y 1996), salvo quizás alguna excepción, pero lo cierto es que fundamentalmente de los jugadores de 2° año 98 para infantil y 96 para cadete las selecciones autonómicas presentan a los que entienden son mejores cara a intentar conseguir el mejor resultado, esto a diferencia de los campeonatos de clubes en que un gran número de jugadores se quedan fuera por no haberse podido clasificar sus respectivos equipos en las fases previas.

Por tanto podemos afirmar que el CASEBA representa lo mejor de nuestra cantera en cuanto a proyección futura; por ello sería conveniente realizar un estudio estadístico año tras año y comparar los resultados de acuerdo con los objetivos que para el acierto en el tiro nos propongamos.

Lo ideal sería también analizar los resultados teniendo en cuenta si los tiros en juego (de 2 y 3 puntos fueron lanzados con o sin oposición e incluso haber excluido de los tiros de 2 puntos aquellos realizados debajo del aro como segundos tiros o en penetración, pero como esto no es posible, partimos de lo que realmente tenemos, que es la estadística oficial de los tiros lanzados y conseguidos de 2 puntos, 3 puntos y tiros libres, a partir de ahí he sacado los porcentajes resultantes, la relación entre unos tiros u otros y los gráficos resultantes.

ÁMBITO DE LA MUESTRA.

El ámbito del estudio abarca a 19 selecciones autonómicas que son las 17 de las Comunidades Autonómicas del estado más la selección de las ciudades autónomas de Ceuta y Melilla.

Se han disputado 192 partidos (48 por categoría)y se han realizado un total de 32.218 lanzamientos de los cuales se han convertido 12.677 lo que supone un 39.35 % de acierto; siendo esta cifra de un 39.35 % la media nacional total de todas las categorías, y la que hay que tener globalmente de referencia pues es la cifra de acierto del baloncesto español de media en estas categorías.

RESULTADOS Y CONCLUSIONES:

-En la categoría infantil masculina se han lanzado 7.901 tiros totales que corresponden a 4.621 tiros de 2 puntos (el 77,8% de los tiros en juego), 1.320 tiros de 3 puntos (el 22,2 % de los tiros en juego) y 1.960 tiros libres; el acierto es de 1.872 tiros convertidos de 2 puntos (40,51 %) de 297 tiros de 3 puntos convertidos (22,5 %) y de 965 tiros libres convertidos (49,23 %), siendo la suma total de 3.134 tiros convertidos (39,67 %).

Por selecciones autonómicas destacan por acierto en el tiro en esta categoría: Cantabria (49,8 %), Murcia (49,7 %), Madrid (44,5 %), Baleares (43,5 %), Galicia (41,2 %) y Canarias (41,2 %).

-En la categoría infantil femenina se han lanzado 8.075 tiros totales que corresponden a 4.596 tiros de 2 puntos (el 78,8% de los tiros en juego), 1.239 tiros de 3 puntos (el 21,2 % de los tiros en juego) y 2.240 tiros libres; el acierto es de 1.716 tiros convertidos de 2 puntos (37,34 %) de 240 tiros de 3 puntos convertidos (19,4 %) y de 969 tiros libres convertidos (43,3 %), siendo la suma total de 2.925 tiros convertido (36,22 %).

Por selecciones autonómicas destacan por acierto en el tiro en esta categoría: Canarias (43,19 %), Euskadi (40,87 %), Catalunya (40,33 %), Extremadura (39,9 %), Galicia (38,62 %),

Baleares (38,59 %) y Madrid (38,53 %).

-En la categoría cadete masculina se han lanzado 8.317 tiros totales que corresponden a 4.559 tiros de 2 puntos (el 72,7% de los tiros en juego), 1.708 tiros de 3 puntos (el 27,3 % de los tiros en juego) y 2.050 tiros libres; el acierto es de 2.041 tiros convertidos de 2 puntos (44,77 %) de 460 tiros de 3 puntos convertidos (26,9 %) y de 1.135 tiros libres convertidos (53,37 %), siendo la suma total de 3.636 tiros convertido (43,72 %).

Por selecciones autonómicas destacan por acierto en el tiro en esta categoría: Madrid (50,5 %), Andalucía (47,7 %), Melilla (47,5 %), , Murcia (46,3 %), Euskadi (45,7 %), y Canarias (45,3 %), y Catalunya (44,9 %).

-En la categoría cadete femenina se han lanzado 7.925 tiros totales que corresponden a 4.707 tiros de 2 puntos (el 76,5% de los tiros en juego), 1.446 tiros de 3 puntos (el 23,5 % de los tiros en juego) y 1.772 tiros libres; el acierto es de 1.815 tiros convertidos de 2 puntos (38,56 %) de 315 tiros de 3 puntos convertidos (21,78 %) y de 852 tiros libres convertidos (48,08 %), siendo la suma total de 2.982 tiros convertido (37,63 %).

Por selecciones autonómicas destacan por acierto en el tiro en esta categoría: Andalucía (50 %), Castilla León (44,69 %), Madrid (42,68 %), Euskadi (41,02 %), Murcia (39.52 %), y La Rioja (39,29 %).

Una **1ª conclusión** es que se tira poco de 3 puntos (tiros triples) y se mete aún mucho menos de acuerdo con el siguiente cuadro elaborado para ver esta circunstancia:

	A	B	C	D
Infantil masculino:	77,8 %	22,2 %	86,3 %	13,7 %
Infantil femenino	78,8 %	21,2%	87,7%	12,3 %
Cadete masculino	72,7 %	27,3 %	81,6 %	18,4
Cadete femenino	76,5 %	23,5 %	85,2 %	14,8 %
Total Nacional	76,39 %	23,61 %	85 %	15 %

A: Porcentaje que representan los tiros de 2 puntos intentados en relación al total de tiros intentados en juego.
B: Porcentaje que representan los tiros de 3 puntos intentados en relación al total de tiros intentados en juego.
C: Porcentaje que representan los tiros de 2 puntos conseguidos o acertados en relación al total de tiros en juego acertados.
D: Porcentaje que representan los tiros de 3 puntos conseguidos o acertados en relación al total de tiros en juego acertados.

Frecuentemente oímos que los jugadores infantiles, no tienen fuerza para tirar tiros triples y en consecuencia no deben hacerlo, y en este sentido algunos entrenadores incluso lo prohíben, cuando precisamente de lo que se trata no es solamente de fuerza (aunque en alguna medida un poco si es necesario) sino que lo que se necesita fundamentalmente es coordinación cuanto más mejor, coordinación de los grupos musculares que intervienen en el tiro para que los jóvenes infantiles y cadetes alcancen (con garantía de acierto) con su tiro el aro desde la distancia de 3 puntos.

Hay que trabajar bastante para convencer a muchos entrenadores a que inviertan en el futuro y desde esta forma paulatinamente llegar a colocarnos en un 60 % - 40 % de proporción entre los tiros de 2 y 3 intentados y en un 65 % - 35 % de proporción entre los tiros de 2 y 3 puntos conseguidos.

Otra **2ª conclusión** es que parece que en la categoría masculina se produce más acierto en el tiro, siendo en infantil: 39,67 en masculino contra 36,22 en femenino, 3,45 puntos porcentuales de diferencia a favor de los chicos. Y en la categoría cadete 43,72 % en masculino frente a 37,63 % de las chicas resulta una diferencia de 6,09 puntos porcentuales, esta diferencia es quizás un poco excesiva, habrá que seguir la evolución de futuros años para ver si se corrige algo esta diferencia. Sería interesante indagar en las razones de esta diferencia de acierto entre el baloncesto masculino y el femenino, en ello deben de reflexionar los técnicos de los equipos femeninos, yo lo responsabilizo fundamentalmente en la menor destreza o desarrollo de los fundamentos técnicos del tiro en el baloncesto femenino.

3ª conclusión.- Respecto de los tiros libres la conclusión es que el porcentaje de acierto es bastante bajo, así en la categoría de infantil masculino la media es de un 49,23 %, siendo las selecciones más destacadas en este apartado: Baleares (61,25 %), Cantabria (58,33 %), Murcia (58,33 %), Canarias (57,84 %), Asturias (57,8 %) y Galicia (55,8 %).
En categoría infantil femenino la media nacional es de un 43,3 %, y entre las selecciones destacan: Madrid (55,1 %), Baleares (51,4 %), Euskadi (51,2 %), Canarias (56,8 %), Catalunya (47,2 %) y Melilla (46,7 %).
En categoría cadete masculino la media nacional es de un 55,37 %, siendo las selecciones más destacadas: Madrid (68,24 %), Andalucía (64,17 %), Catalunya (63,11 %), Navarra (62,04 %), Galicia (61,17 %) y La Comunidad Valenciana (59,7 %).
En cadete femenino la media nacional es de un 48,1 %, y las selecciones más destacadas son: Catalunya (60,5 %), Melilla (58,5 %), Euskadi (58,3 %), Andalucía (52,8 %), Castilla León (52,7 %) y Murcia (52 %).
Nuevamente aquí observamos una diferencia de mayor acierto del baloncesto masculino respecto del baloncesto femenino en casi 6 puntos en la categoría infantil y de 7 puntos en la categoría cadete, para este apartado se hace la misma reflexión que en el apartado anterior.
Por otra parte que únicamente se sobrepase el 50 % en una sola categoría la de cadete masculino, nos reafirma en la idea que es necesario y más que posible aumentar sensiblemente (al menos 10 puntos), estos porcentajes con un adecuado trabajo técnico a corto, medio, y largo plazo.

4ª conclusión.-Los datos demuestran la Incidencia directa del acierto en el tiro en el resultado de los partidos, revelándose como un factor determinante (aunque no el único) de las victorias; así las selecciones autonómicas con mejor % de acierto en el tiro han obtenido mejores resultados en la competición. Por lo que, como es evidente, aquellos equipos con peor porcentaje de acierto en el tiro deberán compensar esto con más balones recuperados, o coger más rebotes, en definitiva lograr más posesiones que el equipo rival, para tener más intentos de lanzamiento que contrapese el peor acierto en el tiro, y esto no siempre es posible por lo que al final irremediablemente el escaso acierto en el tiro se convierte en un factor determinante (insisto, aunque no el único y exclusivo) de las derrotas.

RESUMEN ESTADISTICA DE TIRO CASEBA - MASCULINO - 2012

INFANTIL - MASCULINO

SELECCIÓN	TIRO DE 2 PUNTOS			TIRO DE 3 PUNTOS			TIROS LIBRES			TIROS TOTALES		
	I	C	%	I	C	%	I	C	%	I	C	%
ANDALUCIA	328	129	39,32	75	15	20	141	65	46,09	544	209	38,41
ARAGON	277	101	36,46	115	22	19,13	122	61	50	514	184	35,79
ASTURIAS	300	119	39,66	79	12	15,19	109	63	57,79	488	194	39,75
BALEARES	299	135	45,15	106	27	25,47	80	49	61,2	485	211	43,50
CANARIAS	258	111	43,02	111	24	21,62	102	59	57,84	471	194	41,18
CANTABRIA	220	106	48,18	21	7	33,33	84	49	58,33	325	162	49,84
CAST-LEON	274	106	38,68	50	12	24	150	69	46	474	187	39,45
CAST-MANCHA	207	86	41,54	70	21	30	118	48	40,67	395	155	39,24
CATALUNYA	278	112	40,28	89	24	26,96	106	49	46,22	473	185	39,11
CEUTA	62	10	16,12	20	3	15	20	6	30	102	19	18,62
EUSKADI	264	105	39,77	91	22	24,17	154	74	48,05	509	201	39,48
EXTREMADURA	221	104	47,05	21	4	19,04	79	30	37,97	321	138	42,99
GALICIA	276	112	40,58	103	24	23,30	138	77	55,79	517	213	41,19
MADRID	302	147	48,67	109	29	26,60	81	43	53,08	492	219	44,51
MELILLA	153	47	30,71	31	4	12,90	64	27	42,18	248	78	31,45
MURCIA	213	111	52,11	47	11	23,40	84	49	58,33	344	171	49,70
NAVARRA	223	80	35,87	51	10	19,60	124	62	50	398	152	38,19
LA RIOJA	138	43	31,15	45	11	24,44	51	16	31,37	234	70	29,91
VALENCIANA	328	108	32,92	86	15	17,44	153	69	45,09	567	192	33,86
TOTAL NACIONAL	4621	1872	40,51	1320	297	22,5	1960	965	49,23	7901	3134	39,66

147

TOTAL INFANTIL MASCULINO

TIRO DE 2

CONSEGUIDOS
1872
40,51%

INTENTADOS
4621

TIRO DE 3

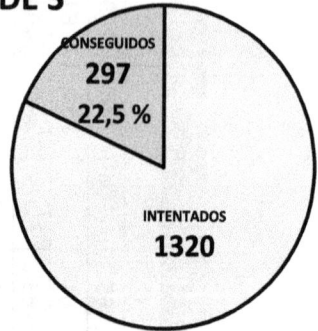

CONSEGUIDOS
297
22,5 %

INTENTADOS
1320

TIRO LIBRE

CONSEGUIDOS
965
49,24%

INTENTADOS
1960

TOTALES

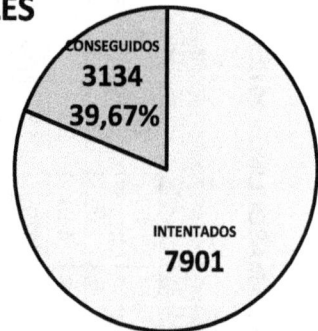

CONSEGUIDOS
3134
39,67%

INTENTADOS
7901

CASEBA 2012

RESUMEN ESTADISTICA DE TIRO CASEBA - MASCULINO - 2012

INFANTIL MASCULINO	2 + 3 PUNTOS TIROS EN JUEGO			I			
				"A"	"B"	"C"	"D"
SELECCIÓN	I	C	%	% I 2	% I 3	% C 2	% C 3
ANDALUCIA	403	144	35,73	81,39	18,61	89,58	10,41
ARAGON	392	123	31,37	70,66	29,33	82,11	17,88
ASTURIAS	379	131	34,56	79,15	20,84	90,84	9,16
BALEARES	405	162	40	73,82	26,17	83,33	16,66
CANARIAS	369	135	36,58	69,91	30,08	82,22	17,77
CANTABRIA	241	113	46,88	91,28	8,71	93,80	6,19
CAST-LEON	324	118	36,42	84,56	15,43	89,83	10,16
CAST-MANCHA	277	107	38,62	74,72	25,27	80,37	19,62
CATALUNYA	367	136	37,05	75,74	24,25	82,35	17,64
CEUTA	82	13	15,85	75,61	24,39	76,92	23,07
EUSKADI	355	127	35,77	74,36	25,63	82,67	17,32
EXTREMADURA	242	108	44,62	91,32	8,67	96,29	3,70
GALICIA	379	136	35,88	72,82	27,17	82,35	17,64
MADRID	411	176	42,82	73,47	26,52	83,52	16,47
MELILLA	184	51	27,71	83,15	16,84	92,15	7,84
MURCIA	260	122	46,92	81,92	18,07	90,98	9,01
NAVARRA	274	90	32,84	81,38	18,61	88,88	11,11
LA RIOJA	183	54	29,50	75,41	24,59	79,63	20,37
VALENCIANA	414	123	29,71	79,22	20,77	87,80	12,19
TOTAL NACIONAL	5941	2169	36,50	77,78	22,21	86,30	13,69

"A", y "B": Se refieren al % de tiros intentados en relación al total de tiros en juego intentados, tanto de 2 como de 3 puntos.

"C" y "D": Se refieren al % de tiros convertidos en relación al total de tiros en juego convertidos, tanto de 2 como de 3 puntos.

RESUMEN ESTADISTICA DE TIRO CASEBA - FEMENINO - 2012

INFANTIL - FEMENINO

SELECCIÓN	TIRO DE 2 PUNTOS			TIRO DE 3 PUNTOS			TIROS LIBRES			TIROS TOTALES		
	I	C	%	I	C	%	I	C	%	I	C	%
ANDALUCIA	225	90	40	85	22	25,88	153	55	35,94	463	167	36,06
ARAGON	374	143	38,23	95	14	14,73	103	44	42,71	572	201	35,14
ASTURIAS	236	93	39,40	24	4	16,66	72	18	25	332	115	34,63
BALEARES	275	103	37,45	80	16	20	140	72	51,42	495	191	38,58
CANARIAS	255	120	47,05	88	22	25	171	80	46,78	514	222	43,19
CANTABRIA	184	72	39,13	63	12	19,04	98	41	41,83	345	125	36,23
CAST-LEON	302	107	35,43	97	23	23,71	131	72	54,96	530	202	38,11
CAST-MANCHA	146	42	28,76	30	8	26,66	95	36	37,89	271	86	31,73
CATALUNYA	282	124	43,97	103	20	19,41	163	77	47,23	548	221	40,32
CEUTA	107	30	28,03	17	0	0	72	23	31,94	196	53	27,04
EUSKADI	318	120	37,73	46	7	15,21	211	108	51,18	575	235	40,87
EXTREMADURA	257	110	42,80	29	2	6,89	115	48	41,73	401	160	39,90
GALICIA	289	124	42,90	71	17	23,94	132	49	37,12	492	190	38,61
MADRID	315	118	37,46	113	21	18,58	156	86	55,12	584	225	38,52
MELILLA	106	25	23,58	12	0	0	30	14	46,66	148	39	26,35
MURCIA	237	83	35,02	39	8	20,51	69	26	37,68	345	117	33,91
NAVARRA	189	66	34,92	82	12	14,63	123	34	27,64	394	112	28,42
LA RIOJA	194	61	31,44	65	12	18,46	84	35	41,66	343	108	31,48
VALENCIANA	305	85	27,86	100	20	20	122	51	41,80	527	156	29,60
TOTAL NACIONAL	4596	1716	37,33	1239	240	19,37	2240	969	43,25	8075	2925	36,22

TOTAL INFANTIL FEMENINO

TIRO DE 2

CONSEGUIDOS
1716
37,33%

INTENTADOS
4596

TIRO DE 3

CONSEGUIDOS
240
19,37%

INTENTADOS
1239

TIRO LIBRE

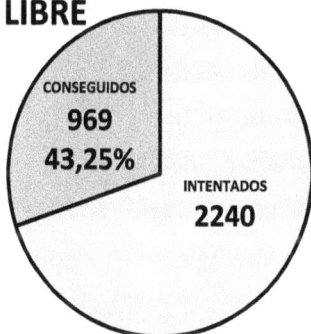

CONSEGUIDOS
969
43,25%

INTENTADOS
2240

TOTALES

CONSEGUIDOS
2925
36,22%

INTENTADOS
8075

CASEBA 2012

RESUMEN ESTADISTICA DE TIRO CASEBA
- FEMENINO - 2012

INFANTIL FEMENINO	2 + 3 PUNTOS TIROS EN JUEGO			I			
				"A"	"B"	"C"	"D"
SELECCIÓN	I	C	%	% I 2	% I 3	% C 2	% C 3
ANDALUCIA	310	112	36,12	72,58	27,41	80,35	19,64
ARAGON	469	157	33,47	79,74	20,25	91,08	8,91
ASTURIAS	260	97	37,30	90,76	9,23	95,87	4,12
BALEARES	355	119	33,52	77,46	22,53	86,55	13,44
CANARIAS	343	142	41,39	74,34	25,65	84,50	15,49
CANTABRIA	247	84	34,00	74,49	25,50	85,71	14,286
CAST-LEON	399	130	32,58	75,68	24,31	82,30	17,69
CAST-MANCHA	176	50	28,40	82,95	17,04	84	16
CATALUNYA	385	144	37,40	73,24	26,75	86,11	13,88
CEUTA	124	30	24,19	86,29	13,71	100	0
EUSKADI	364	127	34,89	87,36	12,63	94,48	5,51
EXTREMADURA	286	112	39,16	89,86	10,14	98,21	1,78
GALICIA	360	141	39,16	80,27	19,72	87,94	12,05
MADRID	428	139	32,47	73,59	26,40	84,89	15,10
MELILLA	118	25	21,18	89,83	10,16	100	0
MURCIA	276	91	32,97	85,87	14,13	91,20	8,79
NAVARRA	271	78	28,78	69,74	30,25	84,61	15,38
LA RIOJA	259	73	28,18	74,90	25,09	83,56	16,438
VALENCIANA	405	105	25,92	75,30	24,69	80,95	19,04
TOTAL NACIONAL	**5835**	**1956**	33,52	**78,76**	**21,23**	**87,73**	**12,270**

"A", y "B": Se refieren al % de tiros intentados en relación al total de tiros en juego intentados, tanto de 2 como de 3 puntos.

"C" y "D": Se refieren al % de tiros convertidos en relación al total de tiros en juego convertidos, tanto de 2 como de 3 puntos.

RESUMEN ESTADISTICA DE TIRO CASEBA 2012 CADETE - MASCULINO

SELECCIÓN	TIRO DE 2 PUNTOS			TIRO DE 3 PUNTOS			TIROS LIBRES			TIROS TOTALES		
	I	C	%	I	C	%	I	C	%	I	C	%
ANDALUCIA	284	125	44,01	99	38	38,38	120	77	64,17	503	240	47,71
ARAGON	296	131	44,25	152	36	23,68	121	60	49,58	569	227	39,89
ASTURIAS	162	80	49,38	63	13	20,63	98	48	48,98	323	141	43,65
BALEARES	209	76	36,36	126	34	26,98	75	44	58,66	410	154	37,56
CANARIAS	322	148	45,96	75	19	25,33	128	71	55,46	525	238	45,33
CANTABRIA	166	67	40,36	48	13	27,08	83	42	50,60	297	122	41,07
CAST-LEON	223	99	44,39	56	16	28,57	70	39	55,71	349	154	44,12
CAST-MANCHA	276	126	45,65	95	19	20	128	68	53,12	499	213	42,68
CATALUNYA	289	139	48,09	125	28	22,4	103	65	63,10	517	232	44,87
CEUTA	148	62	41,89	77	19	24,67	84	29	34,52	309	110	35,59
EUSKADI	312	148	47,43	91	25	27,47	127	69	54,33	530	242	45,66
EXTREMADURA	195	73	37,43	57	19	33,33	116	66	56,89	368	158	42,93
GALICIA	284	130	45,77	124	34	27,41	103	63	61,16	511	227	44,42
MADRID	293	144	49,14	104	30	28,84	148	101	68,24	545	275	50,45
MELILLA	193	91	47,15	14	3	21,42	134	68	50,74	341	162	47,50
MURCIA	310	154	49,67	122	38	31,14	181	92	50,82	613	284	46,33
NAVARRA	202	84	41,58	112	36	32,14	108	67	62,03	422	187	44,31
LA RIOJA	175	58	33,14	49	11	22,44	56	26	46,42	280	95	33,92
VALENCIANA	220	106	48,18	119	29	24,37	67	40	59,70	406	175	43,10
TOTAL NACIONAL	4559	2041	44,76	1708	460	26,93	2050	1135	55,36	8317	3636	43,71

153

TOTAL CADETE MASCULINO

TIRO DE 2

CONSEGUIDOS
2041
44,77%

INTENTADOS
4559

TIRO DE 3

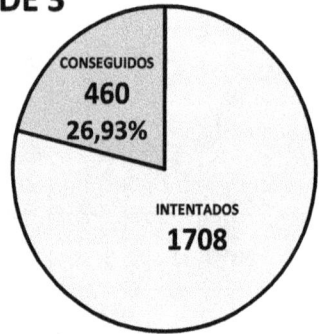

CONSEGUIDOS
460
26,93%

INTENTADOS
1708

TIRO LIBRE

CONSEGUIDOS
1135
55,36%

INTENTADOS
2050

TOTALES

CONSEGUIDOS
3636
43,71%

INTENTADOS
8317

CASEBA 2012

RESUMEN ESTADISTICA DE TIRO CASEBA - MASCULINO - 2012

CADETE MASCULINO	2 + 3 PUNTOS TIROS EN JUEGO			I			
				"A"	"B"	"C"	"D"
SELECCIÓN	I	C	%	% I 2	% I 3	% C 2	% C 3
ANDALUCIA	383	163	42,55	74,15	25,84	76,68	23,31
ARAGON	448	167	37,27	66,07	33,92	78,44	21,55
ASTURIAS	225	93	41,33	72	28	86,02	13,97
BALEARES	335	110	32,83	62,38	37,61	69,09	30,90
CANARIAS	397	167	42,06	81,10	18,89	88,62	11,37
CANTABRIA	214	80	37,38	77,570	22,43	83,75	16,25
CAST-LEON	279	115	41,21	79,928	20,07	86,08	13,91
CAST-MANCHA	371	145	39,08	74,39	25,60	86,89	13,10
CATALUNYA	414	167	40,33	69,80	30,19	83,23	16,76
CEUTA	225	81	36	65,77	34,22	76,54	23,45
EUSKADI	403	173	42,928	77,41	22,58	85,54	14,45
EXTREMADURA	252	92	36,50	77,38	22,61	79,34	20,65
GALICIA	408	164	40,19	69,60	30,39	79,26	20,73
MADRID	397	174	43,82	73,80	26,19	82,75	17,24
MELILLA	207	94	45,41	93,23	6,76	96,80	3,19
MURCIA	432	192	44,44	71,75	28,24	80,20	19,79
NAVARRA	314	120	38,21	64,33	35,66	70	30
LA RIOJA	224	69	30,80	78,12	21,87	84,05	15,94
VALENCIANA	339	135	39,82	64,89	35,10	78,51	21,48
TOTAL NACIONAL	6267	2501	39,90	72,74	27,25	81,60	18,39

"A", y "B": Se refieren al % de tiros intentados en relación al total de tiros en juego intentados, tanto de 2 como de 3 puntos.

"C" y "D": Se refieren al % de tiros convertidos en relación al total de tiros en juego convertidos, tanto de 2 como de 3 puntos.

RESUMEN ESTADISTICA DE TIRO CASEBA CADETE - FEMENINO

SELECCIÓN	TIRO DE 2 PUNTOS			TIRO DE 3 PUNTOS			TIROS LIBRES			TIROS TOTALES		
	I	C	%	I	C	%	I	C	%	I	C	%
ANDALUCIA	343	187	54,51	59	11	18,64	106	56	52,83	508	254	50
ARAGON	272	97	35,66	106	23	21,69	103	36	34,95	481	156	32,43
ASTURIAS	242	93	38,43	56	10	17,85	87	43	49,42	385	146	37,92
BALEARES	198	64	32,32	62	14	22,58	92	42	45,65	352	120	34,09
CANARIAS	278	98	35,25	57	13	22,80	87	39	44,82	422	150	35,54
CANTABRIA	251	100	39,84	87	20	22,98	98	50	51,02	436	170	38,99
CAST-LEON	307	151	49,18	89	17	19,10	112	59	52,67	508	227	44,68
CAST-MANCHA	217	70	32,25	66	12	18,18	70	29	41,42	353	111	31,44
CATALUNYA	319	111	34,79	125	27	21,6	81	49	60,49	525	187	35,61
CEUTA	177	40	22,59	14	3	21,42	63	15	23,81	254	58	22,83
EUSKADI	233	95	40,77	125	29	23,2	132	77	58,33	490	201	41,02
EXTREMADURA	221	81	36,65	38	6	15,78	112	56	50	371	143	38,54
GALICIA	285	108	37,89	78	19	24,35	95	47	49,47	458	174	37,99
MADRID	302	137	45,36	127	35	27,55	124	64	51,61	553	236	42,67
MELILLA	168	35	20,83	38	6	15,78	41	24	58,53	247	65	26,31
MURCIA	213	97	45,54	107	17	15,88	100	52	52	420	166	39,52
NAVARRA	230	85	36,95	71	20	28,16	94	47	50	395	152	38,48
LA RIOJA	199	81	40,70	61	18	29,50	76	33	43,42	336	132	39,28
VALENCIANA	252	85	33,73	80	15	18,75	99	34	34,34	431	134	31,09
TOTAL NACIONAL	4707	1815	38,56	1446	315	21,78	1772	852	48,08	7925	2982	37,62

TOTAL CADETE FEMENINO

TIRO DE 2

CONSEGUIDOS
1815
38,56%

INTENTADOS
4707

TIRO DE 3

CONSEGUIDOS
315
21,78%

INTENTADOS
1446

TIRO LIBRE

CONSEGUIDOS
852
48,08%

INTENTADOS
1772

TOTALES

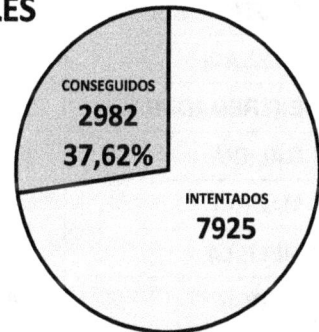

CONSEGUIDOS
2982
37,62%

INTENTADOS
7925

CASEBA 2012

RESUMEN ESTADISTICA DE TIRO CASEBA - FEMENINO - 2012

CADETE FEMENINO	2 + 3 PUNTOS TIROS EN JUEGO			I			
				"A"	"B"	"C"	"D"
SELECCIÓN	I	C	%	% I 2	% I 3	% C 2	% C 3
ANDALUCIA	402	198	49,25	85,32	14,67	94,44	5,55
ARAGON	378	120	31,74	71,95	28,04	80,83	19,16
ASTURIAS	298	103	34,56	81,20	18,79	90,29	9,70
BALEARES	260	78	30	76,15	23,84	82,05	17,94
CANARIAS	335	111	33,13	82,98	17,01	88,28	11,71
CANTABRIA	338	120	35,50	74,26	25,74	83,33	16,66
CAST-LEON	396	168	42,42	77,52	22,47	89,88	10,11
CAST-MANCHA	283	82	28,97	76,67	23,32	85,36	14,63
CATALUNYA	444	138	31,08	71,84	28,15	80,43	19,56
CEUTA	191	43	22,51	92,67	7,33	93,02	6,97
EUSKADI	358	124	34,63	65,08	34,91	76,61	23,38
EXTREMADURA	259	87	33,59	85,32	14,67	93,10	6,89
GALICIA	363	127	34,98	78,51	21,48	85,03	14,96
MADRID	429	172	40,09	70,39	29,60	79,65	20,34
MELILLA	206	41	19,90	81,55	18,44	85,36	14,63
MURCIA	320	114	35,62	66,56	33,43	85,08	14,91
NAVARRA	301	105	34,88	76,41	23,58	80,95	19,04
LA RIOJA	260	99	38,07	76,53	23,46	81,81	18,18
VALENCIANA	332	100	30,12	75,90	24,09	85	15
TOTAL NACIONAL	6153	2130	34,61	76,49	23,50	85,21	14,78

"A", y "B": Se refieren al % de tiros intentados en relación al total de tiros en juego intentados, tanto de 2 como de 3 puntos.

"C" y "D": Se refieren al % de tiros convertidos en relación al total de tiros en juego convertidos, tanto de 2 como de 3 puntos.

VALORES ABSOLUTOS POR CATEGORIAS

48 PARTIDOS SELECCIÓN	2 PUNTOS			3 PUNTOS			TIROS LIBRES			TIROS		TOTALES	
	I	C	%	I	C	%	I	C	%	TI	TC	TC	T%
TOTAL INF MASC	4621	1872	40,51	1320	297	22,5	1960	965	49,23	7901	3134		39,66
TOTAL CAD-MASC	4559	2041	44,76	1708	460	26,93	2050	1135	55,36	8317	3636		43,71
INF + CADETE MASC	9180	3913	42,62	3028	757	25	4010	2100	52,36	16218	6770		41,74
TOTAL INF-FEM	4596	1716	37,33	1239	240	19,37	2240	969	43,25	8075	2925		36,22
TOTAL CAD-FEM	4707	1815	38,56	1446	315	21,78	1772	852	48,08	7925	2982		37,62
INF + CADETE FEM	9303	3531	37,95	2685	555	20,67	4012	1821	45,38	16000	5907		36,91
TOTAL CASEBA 2012	18483	7444	40,27	5713	1312	22,96	8022	3921	48,87	32218	12677		39,34

VALORES MEDIA POR PARTIDO Y SELECCIÓN POR CATEGORIAS

	2 PUNTOS			3 PUNTOS			TIROS LIBRES			TIROS		TOTALES	
	I	C	%	I	C	%	I	C	%	TI	TC	TC	T%
INF. MASCULINO	48,135	19,5	40,51	13,75	3,09	22,5	20,417	10,052	49,23	82,302	32,646		39,66
CAD. MASCULINO	47,490	21,260	44,76	17,79	4,79	26,93	21,354	11,823	55,36	86,635	37,875		43,71
INF. FEMENINO	47,875	17,875	37,33	12,90	2,5	19,37	23,333	10,094	43,25	84,115	30,469		36,22
CAD. FEMENINO	49,031	18,906	38,56	15,06	3,28	21,78	18,458	8,875	48,08	82,552	31,063		37,62
TOTAL CASEBA 2012	48,133	19,385	40,27	14,87	3,41	22,96	20,891	10,211	48,87	83,901	33,013		39,34

TOTAL INTER-CATEGORÍAS

TIRO DE 2

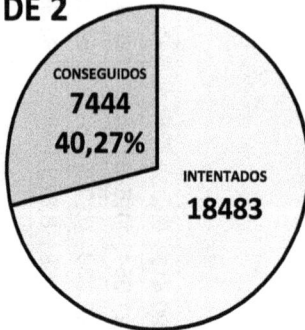

CONSEGUIDOS
7444
40,27%

INTENTADOS
18483

TIRO DE 3

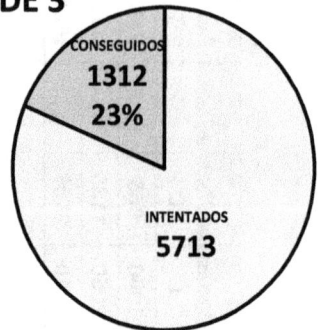

CONSEGUIDOS
1312
23%

INTENTADOS
5713

TIRO LIBRE

CONSEGUIDOS
3921
48,88%

INTENTADOS
8022

TOTALES

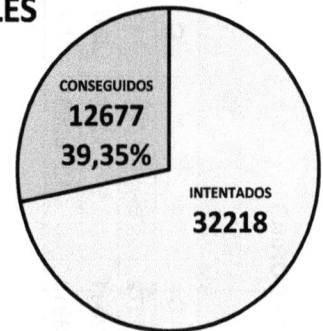

CONSEGUIDOS
12677
39,35%

INTENTADOS
32218

CASEBA 2012

ANEXO II

PLAN INTEGRAL DE ACCIÓN, PARA LA MEJORA DEL TIRO:
"EL TIRO DE ESPAÑA" (Nuestra mejor Arma)
2012-2020

(Nicolás Justicia Del Moral – 18 de Enero de 2012)
Este programa se ha Propuesto al Departamento Técnico de la F.E.B.

ÍNDICE:

O.-INTRODUCCIÓN.

Sabido es que el acierto en el lanzamiento a canasta es el factor desencadenante principal de la victoria en un partido de baloncesto, aunque no es éste factor el único determinante, lo cierto es que sin duda es el principal factor.

Nuestro baloncesto a lo largo de su historia ha gozado de excelentes "tiradores" nacionales así tenemos los ejemplos de Emiliano, Brabender, Buscató, JM Margall, Sibilio, Aller, Epi, Herreros, Angulo, Creus, Xavi Fernández, Villacampa, Jofresa, Raúl Pérez, y los ahora más actuales de Berni Rodríguez, Juan Carlos Navarro, Rafa Martínez o Calderón. Gracias entre otras cosas, a su destreza y acierto en el tiro, nuestro baloncesto conquistó altas cotas de prestigio en el panorama internacional, esto es una verdad innegable.

Ahora sin embargo muchos clubes de la A.C.B. recurren a jugadores foráneos para cubrir esas plazas de "jugador tirador" tan necesario en el baloncesto, sin que lamentablemente en el panorama español aparezcan o abunden muchos jugadores de estas características.

Por ello se trata de emulando el pasado tratar de superarnos y preparar jugadores que puedan convertirse en excelentes "tiradores" en los próximos años, en otras palabras de tener los sustitutos ideales que suplan con garantía a los actuales "tiradores nacionales" cuando éstos por la marcha inevitable del tiempo se retiren del baloncesto activo y de la selección nacional en concreto.

Con el objetivo de cubrir esta necesidad nace el presente PLAN INTEGRAL DE MEJORA DEL TIRO, el cual debe ser aprobado y desarrollado por el Departamento Técnico de la F.E.B.

1.-OBJETIVOS.

a).-Incrementar el acierto en el tiro en todas las categorías del baloncesto español.
b).-Difundir y enseñar las técnicas de una buena mecánica de tiro.
c).-Difundir y enseñar las técnicas para ganar la acción de tiro.
d).-Formar jugadores/as "tiradores/as", y más completos y mejores.
e).-Mejorar la formación de los entrenadores/as sobre la temática del "tiro".
f).-Lograr mejores resultados en las competiciones a nivel internacional.
g).-Mejorar el espectáculo y la vistosidad del juego.
h).-Generar más afición por nuestro deporte.
i).-Mejorar el nivel de nuestro baloncesto.

2.-PUESTA EN COMÚN DE LOS CRITERIOS TÉCNICOS:

Con carácter previo se hace necesario unificar criterios técnicos para la enseñanza de la técnica de tiro y no sólo respecto de su mecánica sino de todas las facetas del mismo, para ello se celebrarán las reuniones técnicas pertinentes, para establecer unos criterios técnicos homogéneos, al objeto de su aplicación uniforme en todo el programa.

En este sentido especial importancia tiene la participación de los directores y equipos técnicos de las diferentes Federaciones Regionales, que con sus aportaciones y seguimiento del plan propiciarán el éxito del mismo, por ello su implicación es vital para la obtención de buenos resultados.

3.-CREACION DE LA "ACADEMIA DE TIRO":

Dependiendo del Dpto. técnico de la F.E.B., se constituirá la "Academia de tiro" que es una sección encargada de evaluar, formar y seguir la trayectoria de los jugadores más relevantes en la faceta del tiro.

4.-DURACIÓN DEL PROGRAMA:

Desde la actualidad hasta Agosto de 2020.

5.-NÚMERO DE JUGADORES, EDADES Y CRITERIOS DE SELECCIÓN:

En la "Academia de tiro" se trabajará con 700 jugadores/as en total cada año distribuidos en número de 50 de cada una de las dos categorías masculina y femenina nacidos en cada uno de los años de nacimiento, y según la secuencia de duración siguiente:

Año 1º: (Septiembre 2012 – Agosto 2013): 1993, 1994, 1995, 1996, 1997, 1998 y 1999.
Año 2º: (Septiembre 2013-Agosto 2014): 1994, 1995, 1996, 1997, 1998, 1999 y 2000.
Año 3º: (Septiembre 2014-Agosto 2015): 1995, 1996, 1997, 1998, 1999, 2000 y 2001.
Año 4º: (Septiembre 2015-Agosto 2016): 1996, 1997, 1998, 1999, 2000, 2001 y 2002.
Año 5º: (Septiembre 2016-Agosto 2017): 1997, 1998, 1999, 2000, 2001, 2002 y 2003.
Año 6º: (Septiembre 2017-Agosto 2018): 1998, 1999, 2000, 2001, 2002, 2003 y 2004.
Año 7º: (Septiembre 2018-Agosto 2019): 1999, 2000, 2001, 2002, 2003, 2004 y 2005.
Año 8º: Septiembre 2019-Agosto 2020): 2000, 2001, 2002, 2003, 2004, 2005 y 2006.

Con lo que el nº total de jugadores/as que pasarían por la "Academia" en este proceso estaría en torno a los 1400 al menos, dado que es posible que jugadores que inicialmente no entraran en el programa se incorporen con posterioridad, en lugar de otros que por distintas razones salgan del mismo.

Para entrar en este programa de la "Academia" los jugadores/as serán seleccionados por el Departamento Técnico de la Federación de acuerdo con los criterios de proyección deportiva futura que crea conveniente dicho Departamento.

No obstante el contacto entre los responsables del la "Academia" y los entrenadores de los jugadores (en sus clubes respectivos) será muy fluido a través de los directores técnicos de la Federación Regional correspondiente.

6.-EVALUACIÓN TÉCNICA DE LOS JUGADORES:

En primer lugar se procederá por parte de los "responsables de tiro" de la "Academia" a evaluar inicialmente a los jugadores en su mecánica de tiro, de acuerdo con el test de evaluación diseñado al efecto, para hacerlo con criterios uniformes. Esta evaluación se repetirá al final de cada temporada analizando la evolución técnica sufrida por cada jugador/a. Esta evaluación a través de la ficha de evaluación será acompañada por grabación en video, y se informará a los propios jugadores con detalle de sus errores a corregir en su mecánica de tiro.

7.-PLANILLAS DE TIRO SEMANALES:

Se persigue que los jugadores integrantes de la "Academia" realicen el mayor número posible de tiros con control estadístico, para ello cada jugador/a además de sus entrenamientos regulares deberá realizar semanalmente 3 planillas de tiro con un total de 125 tiros por planilla (50 tiros de 2 puntos, 50 tiros de 3 puntos y 25 tiros libres), esta planilla se realizará con la diseñada al efecto y de acuerdo con las instrucciones técnicas (distancia, bote, movimiento, etc.) que oportunamente se indicarán. La planilla será controlada y firmada por su entrenador de su club correspondiente el cual enviará de las 3 la que mejor resultados obtenga, al Dpto. Técnico de la F.E.B. al objeto de su tratamiento y control estadístico.

8.-EL CAMPUS DE VERANO:

Durante el verano y en los diferentes turnos que se establezcan, los alumnos de la "Academia de Tiro", asistirán al Campus de Tiro en la que los responsables de la "Academia" evaluarán nuevamente a cada jugador, y corregirán sus defectos, al mismo tiempo que se enseñarán y practicarán los recursos técnicos para ganarse la posición de tiro. Del resultado de estas sesiones se expedirá informe técnico para el jugador, los entrenadores de Club, Director Técnico de la Federación respectiva y Dpto. Técnico de la Federación.

9.-COMPETICIONES Y CONCURSOS DE TIROS TRIPLES:

Se recomienda a todas las Federaciones Regionales y de Nacionalidad que en los torneos y competiciones organizadas por ellos se celebre un concurso de tiros triples con la participación de los jugadores más destacados en esta faceta.

10.-INCORPORACIÓN DE LA TEMÁTICA DEL TIRO COMO ASIGNATURA PROPIA EN LOS CURSOS DE ENTRENADOR:

Se propone que en cada uno de los cursos de monitor, entrenador de 2° nivel y Entrenador Superior que se celebren se incorpore como asignatura propia e independiente la enseñanza de la técnica del tiro en su vertiente teórica y práctica.

11.-CONTROLAR ESTADÍSTICAMENTE LAS CIFRAS DE ACIERTO EN TODOS LOS CAMPEONATOS:

En todos los Campeonatos que se celebren se controlará estadísticamente el acierto en el tiro, es decir los tiros conseguidos en relación a los intentados, esto nos proporcionará información sobre la marcha de nuestro trabajo.

Muy en especial a nivel nacional el Campeonato principal para controlar es el CASEBA (campeonato Nacional de Selecciones autonómicas de categoría infantil y cadete), por ser el verdadero reflejo representativo de la situación de la cantera en nuestro país por razones varias: la primera es que al Campeonato acuden todas las selecciones autonómicas y por tanto a nivel geográfico abarca a todo el estado y por otra parte acuden (en teoría, y salvo alguna excepción) los mejores jugadores/as que han sido seleccionados en su federación respectiva. Otros campeonatos de clubes si bien es interesante controlarlos no son tan representativos, pues quedan fuera a los jugadores de clubes no clasificados en las fases previas.

En este año 2012 he procedido a realizar este estudio cuyos datos finales figuran en el ANEXO n° 1.

12.-ESTABLECIMIENTO DE RANKINGS DE LOS MEJORES TIROS Y TIRADORES:

Para difundir y promocionar entre los jóvenes y aficionados la importancia del tiro, se recomienda se establezcan rankings de los mejores tiros de las competiciones y premios para los mejores tiradores a todos los niveles de nuestro baloncesto en especial en la élite del mismo.

13.-CIFRAS DE OBJETIVOS A ALCANZAR DURANTE EL PLAN:

A pesar de lo aventurado que pueda parecer se considera positivo establecer unos objetivos de mejora del acierto en el tiro a nivel concreto, para que pueda ser evaluado el éxito y los resultados del programa, para ello considero partir de una cifre objetiva y clara que son los resultados en cuanto a acierto en el tiro que se ha producido en el CASEBA 2012 (celebrado en Valladolid del 3 al 7 de enero de este año), estas cifras agrupadas por categoría son las que aparecen en la columna del año 2012 (las del resto y desglosadas por Selecciones autonómicas se hallan en el Control Estadístico del CASEBA 2012 que aparece en el ANEXO 1.

Cada año con la celebración del CASEBA se comparará con la previsión de incremento del acierto que se indica a continuación:

% EN TIRO DE 2 PUNTOS PREVISIÓN DE INCREMENTO DE ACIERTO

más acum.		1	3	5	7	9	11	13	15
más anual		1	2	2	2	2	2	2	2

	2012	2013	2014	2015	2016	2017	2018	2019	2020
INF. MASCULINO	40,5	41,5	43,5	45,5	47,5	49,5	51,5	53,5	55,5
CAD. MASCULINO	44,8	44,8	46,8	48,8	50,8	52,8	54,8	56,8	58,8
INF. FEMENINO	37,3	38,3	40,3	42,3	44,3	46,3	48,3	50,3	52,3
CAD. FEMENINO	38,6	39,6	41,6	43,6	45,6	47,6	49,6	51,6	53,6
MEDIA NACIONAL	40,3	41,3	43,3	45,3	47,3	49,3	51,3	53,3	55,3

% EN TIRO DE 3 PUNTOS PREVISIÓN DE INCREMENTO DE ACIERTO

más acum.		0,5	1,5	3	4,5	6	7,5	9	10,5
más anual		0,5	1	1,5	1,5	1,5	1,5	1,5	1,5

	2012	2013	2014	2015	2016	2017	2018	2019	2020
INF. MASCULINO	22,5	23	24	25,5	27	28,5	30	31,5	33
CAD. MASCULINO	27	27,5	28,5	30	31,5	33	34,5	36	37,5
INF. FEMENINO	19,4	19,9	20,9	22,4	23,9	25,4	26,9	28,4	29,9
CAD. FEMENINO	21,8	22,3	23,3	24,8	26,3	27,8	29,3	30,8	32,3
MEDIA NACIONAL	23	23,5	24,5	26	27,5	29	30,5	32	33,5

% TIROS LIBRES PREVISIÓN DE INCREMENTO DE ACIERTO

más acum.		1	3	5,5	8	10,5	13	15,5	18
más anual		1	2	2,5	2,5	2,5	2,5	2,5	2,5

	2012	2013	2014	2015	2016	2017	2018	2019	2020
INF. MASCULINO	49,2	50,2	52,2	54,7	57,2	59,7	62,2	64,7	67,2
CAD. MASCULINO	55,4	56,4	58,4	60,9	63,4	65,9	68,4	70,9	73,4
INF. FEMENINO	43,3	44,3	46,3	48,8	51,3	53,8	56,3	58,8	61,3
CAD. FEMENINO	48,1	49,1	51,1	53,6	56,1	58,6	61,1	63,6	66,1
MEDIA NACIONAL	49	50	52	54,5	57	59,5	62	64,5	67

% EN TIROS TOTALES PREVISION DE INCREMENTO DE ACIERTO

más acum.		0,7	2,2	4,2	6,2	8,2	10,2	12,2	14
más anual		0,7	1,5	2	2	2	2	2	2

	2012	2013	2014	2015	2016	2017	2018	2019	2020
INF. MASCULINO	39,7	40,4	41,9	43,9	45,9	47,9	49,9	51,9	53,9
CAD. MASCULINO	43,7	44,4	46,1	48,1	50,1	52,1	54,1	56,1	58,1
INF. FEMENINO	36,2	36,9	38,4	40,4	42,4	44,4	46,4	48,4	50,4
CAD. FEMENINO	37,6	38,3	39,8	41,8	43,8	45,8	47,8	49,8	51,8
MEDIA NACIONAL	39,4	40,1	41,6	43,6	45,6	47,6	49,6	51,6	53,6

En resumen y en el total Nacional incrementar el acierto en el tiro en el parámetro de tiros totales de media inter-categorias en un 14,2 % pasando del 39.4 % actual a un 53.6 % en el CASEBA 2020 se trata sin ningún género de dudas de una previsión muy ambiciosa, pero en coherencia con nuestro deseo de mejora hemos de ser muy ambiciosos si queremos trabajar con entusiasmo y fe en la mejora del tiro, sólo así lo conseguiremos.

En este orden de cosas cada Federación de Nacionalidad y Región tendrá asimismo unas cifras objetivos a alcanzar en coherencia con la media nacional del propio programa.

Bibliografía

"TIRAR, PASAR Y BOTAR", (EDUARDO BURGOS LUQUE). Editorial WANCEULEN.

"BALONCESTO Aprender y Progresar" (HAL WISSEL). Editorial PAIDOTRIBO.

"BALONCESTO Claves para mejorar las destrezas técnicas (BASKETBALL STEPS TO SUCCES)" (HAL WISEL). Ediciones TUTOR.

"BALONCESTO Ejercicios para el entrenamiento del Tiro" (JOSE MARÍA GARCÍA NOZAL). Editorial WANCEULEN.

"Apuntes sobre EL TIRO" (RANDY S. KNOWLES). Clinic Internacional de Semana Santa. MÁLAGA 23 al 25 de marzo de 1989.

"Apuntes del CURSO DE ESPECIALIZACIÓN. "FORMACIÓN DE DIRECTORES DE JUEGO. LOS BASES". Escuela Nacional de Entrenadores. FEDERACIÓN ESPAÑOLA DE BALONCESTO.

"Apuntes varios sobre EL TIRO", según WAYNE BRABENDER. (Multitud de conferencias y Clinics dentro del programa "BRABENDER'S WORLD", de la ASOCIACIÓN DE DEPORTISTAS CONTRA LA DROGA 1997-2000.

www.ingramcontent.com/pod-product-compliance
Lightning Source LLC
Chambersburg PA
CBHW080516090426
42734CB00015B/3076